咲くや
むくげの花

—朝鮮少女の想い継いで

大澤 重人

Shigeto Ohzawa

咲くや　むくげの花

——朝鮮少女の想い継いで

その花は　まい朝のようにさきかわり
ふまれても　折られても　さきつづける
たくましい木で、朝鮮の国の花なのです。

『むくげの花の少女』より

はしがき

二〇一八年秋、名指しで毎日新聞大津支局に電話があった。

「かんさんという男性から」

かんさん？

取り次がれたが、心当たりがなかった。

受話器を取ると、「かん」さんは、大阪に住む在日韓国人二世の医師だと語った。年配の男性らしい。くだけた話しぶり。臆するところがなく、社会的に成功した自負みたいなものが口調の端々に感じられた。その口から懐かしい絵本の題名が出た。『むくげの花の少女』。豊臣秀吉の朝鮮侵略で日本に連れて来られ、望郷の念を抱いたまま、異国で生涯を閉じた機織り少女をモデルにした絵本だ。取材したのは一〇年前の高知支局時代になる。高知の中でも郡部に位置する、山の麓《ふもと》にある小さなお墓が脳裏をよぎった。

どうして今。

なぜ大阪の人が。

好奇心をくすぐられ、後日、お会いすることにした。

電話を切って、お聞きしたクリニック名や名前をインターネットで検索してみる。ネット時代の取材のイロハのイだ。クリニックは大阪市平野区にある内科系の診療所で、「かん」さんは姜さん。著書があり、本の紹介の経歴には、東北大学医学部を卒業後、同大学院を修了し、米国の大学助教授などを務めたことが記されている。素晴らしい経歴だ。所属した大学名から熱心なクリスチャンと推察された。


「約束の時間になるまで、琵琶湖を見学していました」

後日、白のチューリップ帽子をかぶった姜さんが大津支局を訪ねた。支局は湖の埋め立て地に建つ。名刺交換をすると、「姜健栄」とある。韓国読みでは「カン・コンヨン」さん。一九三八年生まれ。怜悧《れいり》なエリート医師のような外見かと思いきや、親しみやすさを感じさせる方だった。歴史が好きで、日本にある韓国由来の事物を訪ね、見聞きしたことを日本語の雑誌『KOREA TODAY』に発表しているという。八〇歳という年齢を感じさせない、かなりの行動派と見て取れた。

聞けば、高知県黒潮町にある「朝鮮国女の墓」の存在を知って現地を訪ね、地元の植野雅枝さんが完成させた絵本『むくげの花の少女』を紹介されたそうだ。

「読んで感動したんですよ」

そして今度は、ほぼ同年代の植野さんに会いに黒潮町を再訪した。

高知時代に取材して以来、お世話になっている植野さんの名前が出てきた。私の名前は植野さんから聞かれたらしい。

地元の小学生に絵本の朗読を続けている植野さんはこう漏らしたという。

「小学生から少女の故郷はどこか尋ねられて、答えられなくて」

その一言に耳を止め、姜さんは一つのミッションを思い描いた。

少女の故郷を探してみよう――。

その話を聞いた途端、胸が弾んだ。故郷が特定されたら、面白い記事になるぞ。姜さんの思いつきは、私の心にも火をつけた。

目次

装幀　滝口裕子

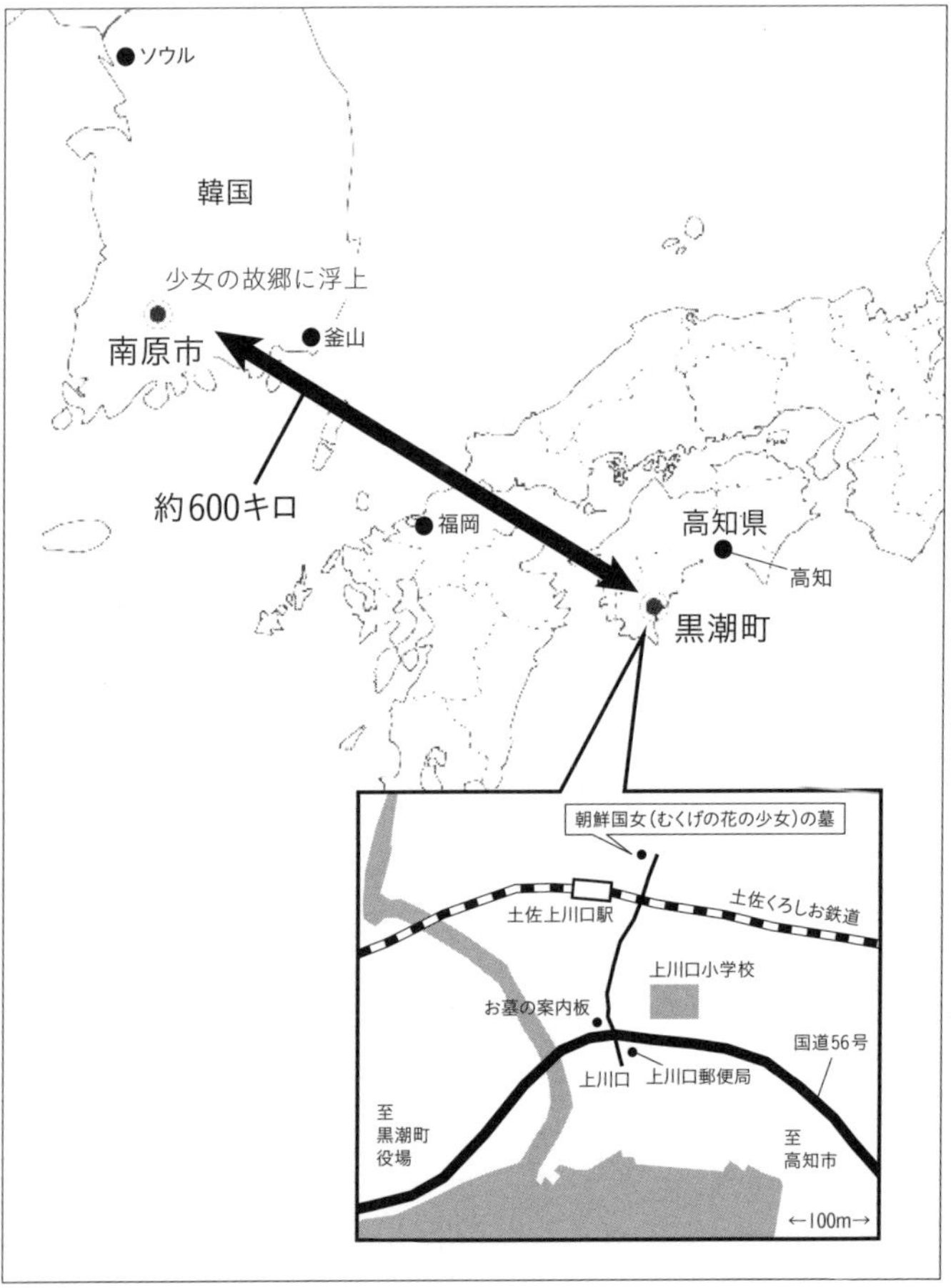
ソウル
韓国
少女の故郷に浮上
南原市
釜山
約600キロ
福岡
高知県
高知
黒潮町
朝鮮国女（むくげの花の少女）の墓
土佐上川口駅
土佐くろしお鉄道
上川口小学校
お墓の案内板
国道56号
上川口
上川口郵便局
至
黒潮町
役場
至
高知市
←100m→

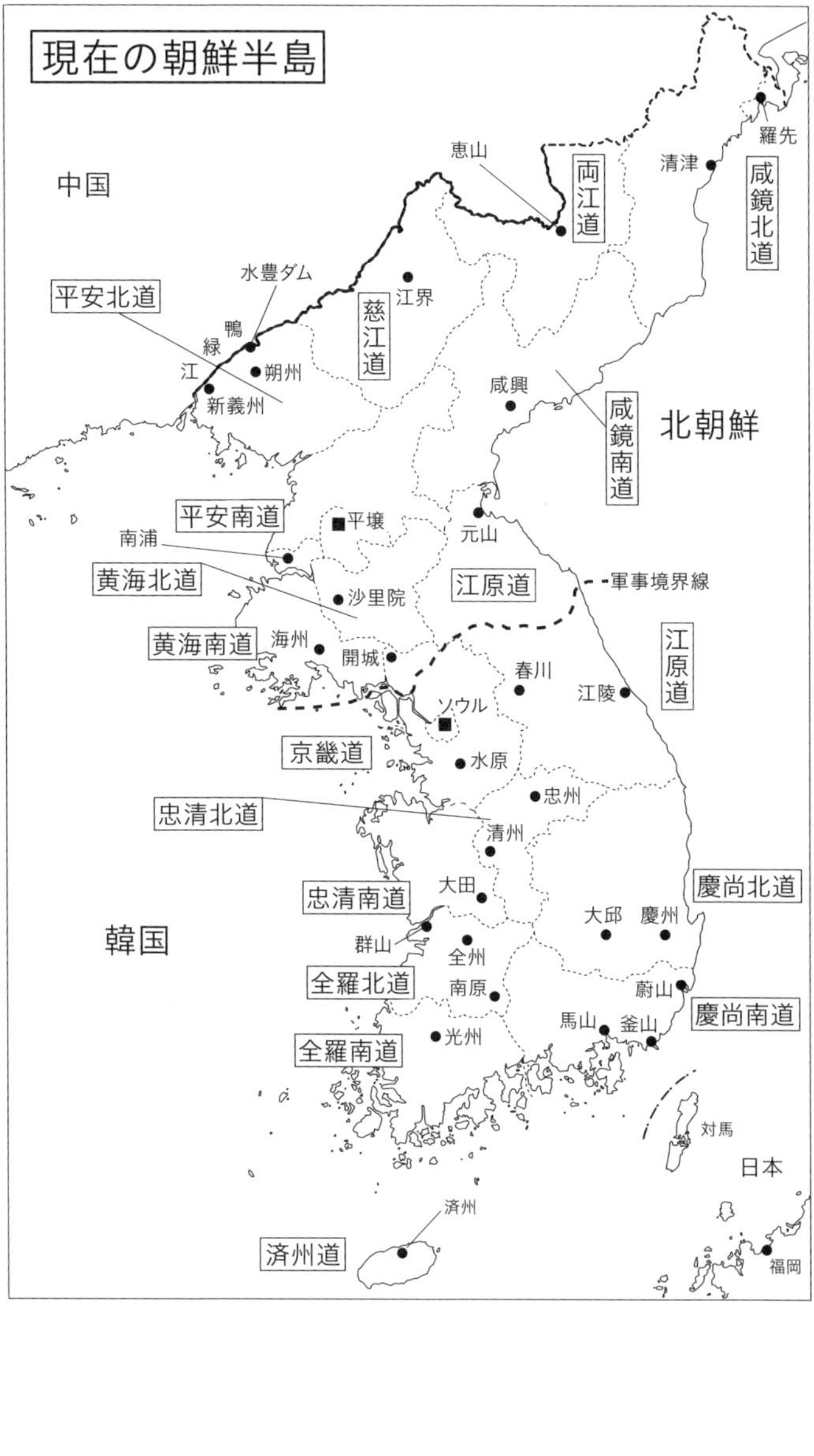
現在の朝鮮半島
中国
北朝鮮
韓国
日本
両江道
咸鏡北道
慈江道
平安北道
咸鏡南道
平安南道
黄海北道
黄海南道
江原道
江原道
京畿道
忠清北道
忠清南道
慶尚北道
全羅北道
慶尚南道
全羅南道
済州道
恵山
羅先
清津
水豊ダム
江界
鴨
緑
江
朔州
新義州
咸興
平壌
南浦
元山
軍事境界線
沙里院
海州
開城
春川
江陵
ソウル
水原
忠州
清州
大田
大邱
慶州
群山
全州
蔚山
南原
馬山
釜山
光州
対馬
済州
福岡

■慶長の役（1597～98年）の侵略ルート

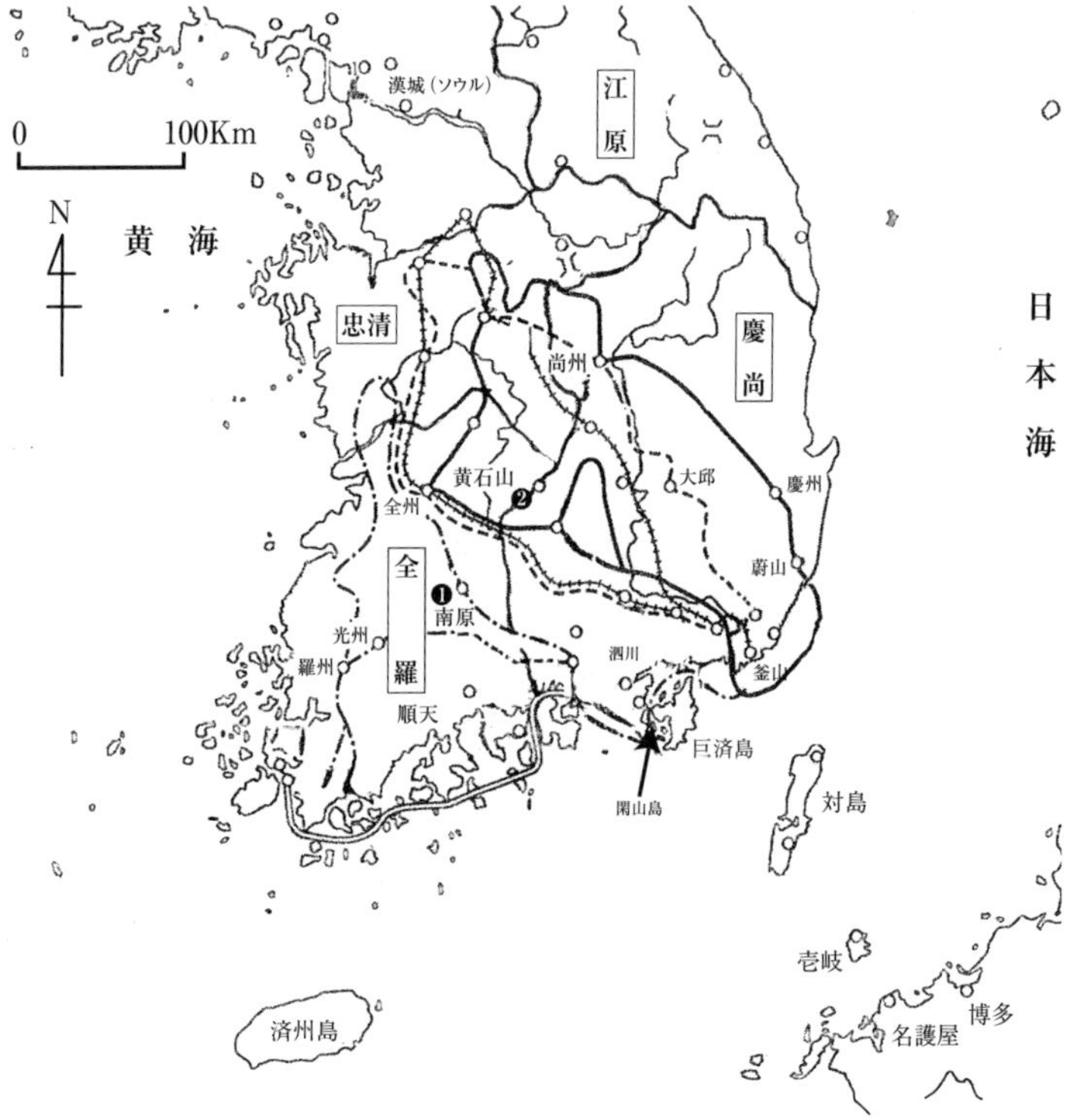

右軍（毛利秀元ら）経路
同（黒田長政ら）経路
同（加藤清正ら）経路
左軍（宇喜多秀家・島津義弘ら）経路
水軍（藤堂高虎ら）進路

❶南原の戦い　1597年8月15日
❷黄石山の戦い　1597年8月16日

『秀吉の朝鮮侵略と民衆』より作成

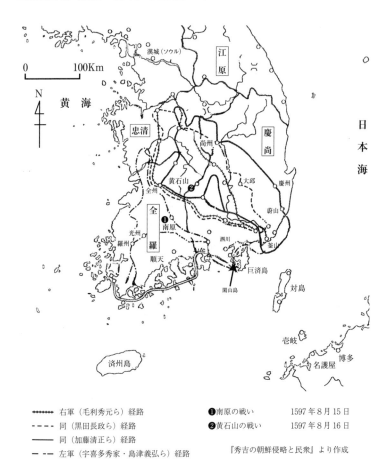

第一章　少女との出会い

1（일）　私と朝鮮半島

無関心だった朝鮮半島

「敗戦時に日本には二〇〇万人もの朝鮮人がいました。どうしてそれだけもの数の人たちが愛する故郷を離れ、海を渡り、見知らぬ日本で暮らしたのでしょうか」

二〇二〇年二月。岐阜県の大垣地区から来館した九人の人権擁護委員を前に、私はこう語りかけた。一九一〇年の韓国併合以来、在日朝鮮人の数が右肩上がりで年々増えているグラフ（八八ページ参照）をスクリーンに映し出す。

「戦争末期には一気に膨らんでいます。そうじゃないかと推測されているでしょうが、いわゆる徴用のせいです。では、戦前から一貫して増え続けているのはなぜでしょうか」

課税のための土地調査事業、日本に米を輸出するための産米増殖計画……。植民地を統治する朝鮮総督府が行った政策が、大半が農民だった朝鮮人の暮らしに悪影響を及ぼしたのだ。

「土地をなくし、満足に食べられない人が出てきました。生活するために、仕事を求めて海を渡ったのです。戦争末期のような強制連行ではありません。でも、自らの意思だとばかり言い切れるのでしょうか」

新聞記者を経て、今は朝鮮半島と日本の関係などを紹介する「渡来人歴史館」（大津市）に勤めている。まだまだ勉強不足ながらも、団体の来館者に一時間程度、こうした解説をする機会がある。歴史館は、在日コリアン二世の河炳俊《ハビョンジュン》さん（四八年生まれ）が客観的な歴史や、朝鮮文化の日本への影響などを知ってもらいたいと、私費を投じて二〇〇六年に開設した。(1)

朝鮮半島にルーツを持つ在日コリアン。単に「在日」と呼ばれることもある。マジョリティーである日本人が一番身近に接する外国人と言って良い。

日本の植民地支配を機に、朝鮮から多くの人が日本に渡ってきた。一九四五年の敗戦時には約二〇〇万人と、朝鮮の人口の一割にも相当する数になった。戦争が終わり、大半は帰国したが、翌四六年末になっても約五六万人は日本に留まった。帰りたくても帰れない、それぞれの事情があった。

朝鮮半島の物価暴騰や食糧難などの経済的混乱、事実上の南北分断。日本政府の計画送還では財産の持ち帰りが一人一〇〇〇円、荷物は二五〇ポンド（約一一三キロ）に制限され、再入国も禁じられた。滞日暮らしが一〇年以上と長期化して故郷にすでに生活基盤がない人もいた。いっ

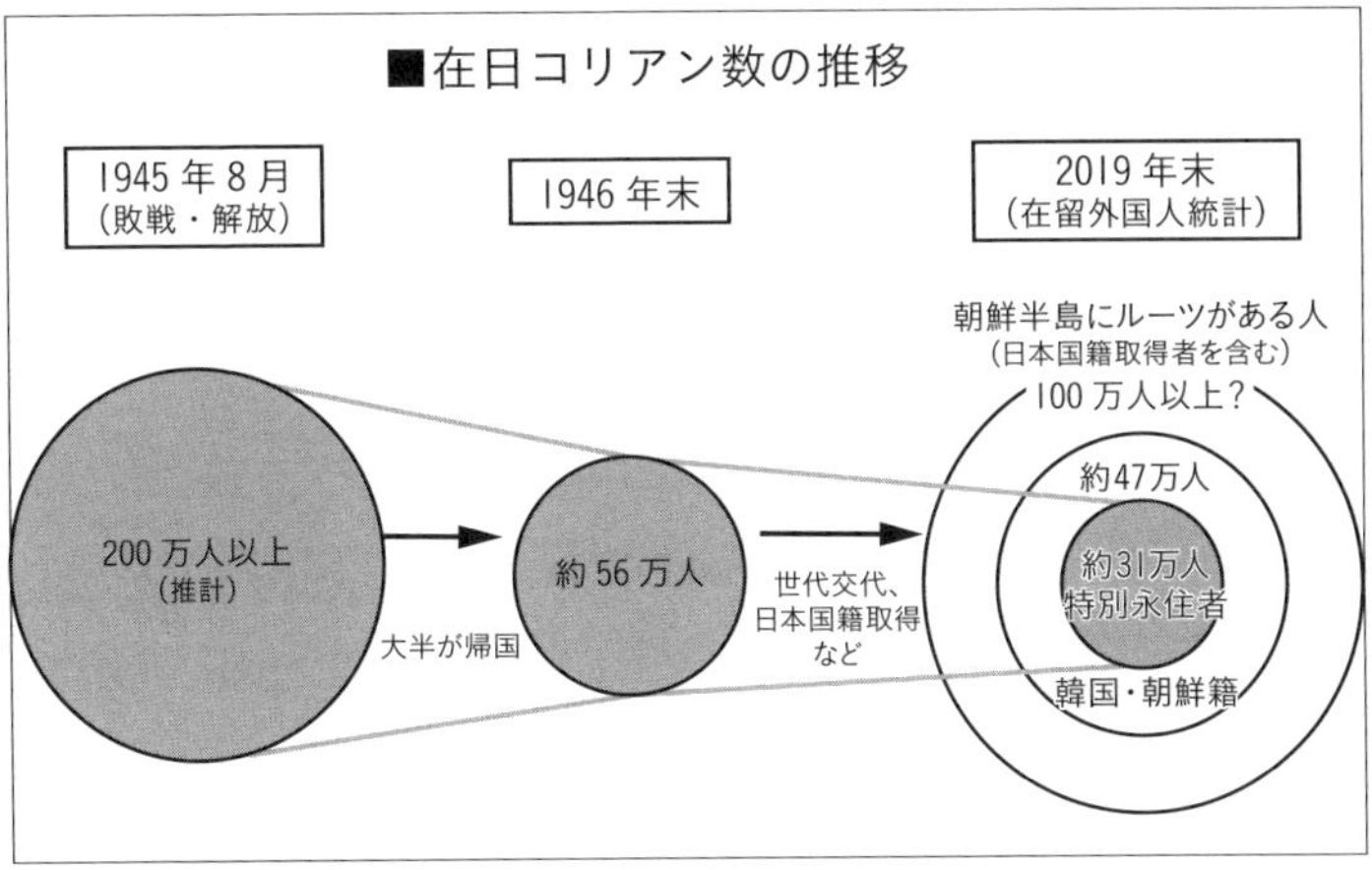

■在日コリアン数の推移

たん帰国しても、生活が立ち行かずに命がけの密航で戻ってくる人が相次いだ。

在日コリアンのうち、戦前からの系譜を継ぐ特別永住者は現在、三一万人弱。第二次世界大戦終戦前から日本に住み、五二年のサンフランシスコ平和条約発効を機に日本国籍を失ったごく少数の一世とその子孫らである。四六年末時点の約五六万人からほぼ半減した。戦後に来日したニューカマーを加えた総数では約四七万人（二〇一九年末時点）。世代交代に加え、累計約三八万人が日本国籍を取得し[2]、年々減少傾向にある。歴史の生き証人とも言うべき特別永住者が、今世紀半ばには消滅する可能性も指摘される。

日本で生まれ育ち、日本語を第一言語とし、日本で納税しながら、「日本から出ていけ」などと卑劣なヘイトスピーチ（差別煽動《せんどう》表現）が浴びせられる。反韓・嫌韓本が書店に並び、ネット上には目を覆うような書き込みが後を絶たない。

表1　日本に住む国別外国人数

1	中国	約81万人
2	韓国	約45万人 （約47万人）※
3	ベトナム	約41万人
4	フィリピン	約28万人
5	ブラジル	約21万人
	……	
計		約293万人（過去最多）

法務省：在留外国人統計（2019年末時点）
※朝鮮籍を加えた在日コリアン。
　朝鮮籍については、第六章で説明

南北朝鮮との関係もうまくいかず、拉致事件の解決しない朝鮮民主主義人民共和国（以下北朝鮮）だけでなく、韓国とも戦中の元徴用工を巡る賠償問題を機に対立が深刻化し、過去最悪の関係にある。

二〇〇〇年もの長きにわたり、交流を続けてきたお隣同士の友好関係を阻害しているのは何だろうか。政治？　歴史認識？　国民性？　それもある。でも、根っこにあるのは、朝鮮半島や「在日」を下に見る、私たちの眼差しではないだろうか。

＊

「むくげの花の少女」は朝鮮侵略で日本に連行された数万人のうちの一人である。遠き故郷をしのんでは涙を枯らしたと伝えられる。優れた機織り技術を丁寧に伝授し、地域に愛された。恨《ハン》を解き、異郷に心を開いた少女は、現代の私たちのお手本とも言える。少女の想いを四〇〇年の時を越えて、バトンリレーのように受け継ぎ、秀吉の朝鮮侵略を日韓友好の歴史に塗り替えようとする人たちがいる。

その一方で、そうでない人たちもたくさんいる。かく言う私も、恥ずかしいことに、かつては朝鮮を嫌い、敬遠していた。それはなぜなのか。どうしてそれを改めることができ、今の仕事をするようになったのか。曇りなき目で見えたものは何なのか。私の目が捉え、感じたものを通して、朝鮮に対する蔑視観をなくす糸口についても探っていく。

むくげの花の少女をめぐるストーリーを経糸《たていと》に、蔑視観を解きほぐすストーリーを緯糸《よこいと》に一冊の本を織り上げてみたい。

私の少年時代

その姿は見なくても、臭いでわかった。

子どもの頃、地域を定期的に巡回するおじさんがいた。車だったか、リヤカーだったか。おじさんが立ち去ると、猛烈な臭いが周囲に滞留した。アスファルトの路面に腐敗した汁が垂れ、その跡が点々と残る。聞けば、各家庭で出る残飯を回収に来ているという。なぜ？　豚の餌にするため。おじさんは、それで生計を立てているようだ。

「朝鮮の人」だという。

子ども心に、その人が来るのが嫌だった。朝鮮という言葉が包括するもの全てに嫌悪感を抱くようになった。

私は、かつて軍港のあった京都府舞鶴市で生まれた。一九六二年のことだ。太平洋戦争敗戦からわずか一七年。今さらながらそれほど間が空いていなかったことに驚くばかりだ。当地で高校卒業まで暮らしたが、戦争の「傷」跡は気づかずに育った。

父の戦中体験を聞いたのは、晩年になってからだ。ぎりぎり徴兵を免れ、飛行場格納庫などの建設に従事した。戦争末期の空襲時には機銃掃射の的にされながら命拾いし、一七歳で敗戦を迎えた。その夜には『アリラン』を歌って肩をくんで踊る朝鮮人労働者の姿を目にしたそうだ。

降伏を伝える玉音放送からわずか九日後、舞鶴湾では朝鮮人労働者とその家族を乗せた浮島丸《うきしま》が帰国を前にして爆発・沈没し、少なくとも五四九人が犠牲になった。そんな大惨事があったことも、舞鶴を離れてから知った。

生まれる二年前の六〇年に池田勇人首相が所得倍増計画を打ち出し、六四年には東京五輪を控えていた。私の名前の「重人」の「人」は、首相名の「勇人」から取ったそうだ。小さな私の目に写ったのは、高度経済成長の道のりを突き進む、力強い日本社会の姿だった。そうした流れに乗り損ね、戦争直後の貧困を引きずる数少ない存在が在日コリアンだった。

市内を流れる伊佐津川の河川敷には通称「朝鮮人部落」があった。異界のようで近寄るのが怖かった。河川沿いを通らざるを得ないときには、目を背けた。

朝鮮人集住地区は戦前の二〇年代から各地に形成された。河川敷や湿地など住環境の悪い空き地にバラックを建てたのが始まりで、日本人の眼には「猥雑《わいざつ》」「不潔」としか映らなかった。(3)

小学校に入ると、同じクラスや隣のクラスにコリアンの女の子がいた。日本風の通称名だったが、出自が密かに伝わり、家族からは距離を置くように言われた。その一人のお父さんが、豚の餌を回収に来るおじさんだった。

きれいな子がおり、今でも名前を覚えている。普通に接していたら、好意を寄せていたかもしれない。休み時間に世界の言葉について話題になったことがある。その子もいる前で私は思わず「朝鮮語」と口にしてしまい、あわてて「イタリア語」「スペイン語」などと、知っている限りの言語名を言い立てた。不用意に「朝鮮」「韓国」などと言わないよう気を遣い、ルーツについては素知らぬふりをしていた。

「朝鮮人」という言葉自体を、口に出してはいけない差別語のように感じていた。その意識はずっと尾を引いた。新聞記者となってからも、記事では「朝鮮の人」などと言い換えていた。

《「植民地統治下」での差別感情（一等国民意識）が、この「朝鮮人」という言葉にはぬりこめられています。いまでも年配の日本人の多くが、「朝鮮人」といえず、「朝鮮の人たち」といい表すのは、うちなる差別意識との葛藤のあらわれです》（『最新　差別語・不快語』五三ページ）

「チョーセン、チョーセン、はよ、国に帰れ」

校内外では、コリアンの男児に対して、そんなふうにはやし立てる言葉が普通に聞かれた。一緒に声を上げることはなかったものの、そうした発言の異常さに気づいていなかった。

差別や偏見の空気を吸って疑うことなく育ったのが、当時の私だった。

恥ずかしい過去

軽蔑されることを書かねばならない。誰にも話したことがない、恥ずかしい過去だ。勇気がないのと、いい格好をしたいという気持ちもあってか書くのを避けていたが、初稿を読んでもらった友人から、そこを指摘された。

舞鶴には、在日コリアンが比較的多かったように思う。日本海有数の軍港があり、戦時中に徴用労働者が働いた街である。

豚の餌を一つのきっかけに、小学生の頃から「朝鮮」に関係する何もかもが嫌いになった。

在日の女子児童とは口を利かないようにし、肌が触れるのも避けていた。韓国料理が食卓に出ることはなかったが、外でも一切口にしなかった。赤い見た目も匂いも強烈なキムチは、社会人になってからも手が出なかった。

中学時代には、在日コリアンの陸上部の先輩が、ひよこをバットで打ったといううわさが流れ、本気で信じた。

朝鮮人はやはり野蛮だな、と。

通っていた高校の近くには舞鶴朝鮮初中級学校（現在は休校）があったが、理由もなく怖さを感じて近寄らないようにした。

棒や丸が並ぶ、暗号にしか見えないハングルにも、気味の悪さを感じていた。坊主憎けりゃ袈《け》裟《さ》までの類である。関心がないから、多くのコリアンがなぜ日本に住んでいるのか詳しく知ろうともしなかった。

朝鮮半島から伝わるニュースも、空恐ろしい国という印象を強めた。金大中《キムデジュン》氏拉致事件（一九七三年、一〇歳）、朴正熙《パクチョンヒ》大統領暗殺（七九年、一七歳）、ソ連戦闘機による大韓航空機撃墜（八三年、二〇歳）……。テレビで見る北朝鮮の金日成《イルソン》主席の右耳の後ろにあった特大のコブさえも、不吉な象徴のように感じていた。

スポーツ観戦が好きで、五輪となると、手に汗握って日本勢を応援したが、女子バレーが七二年のミュンヘン五輪で銀、七六年のモントリオール五輪で金メダルを獲得しても素直に喜べなかった。主力の大型エースアタッカーのルーツが朝鮮にあると知ったからだ。今では本当に申し訳ないとしか言いようがないが、そんな色眼鏡で見ていた。八八年のソウル五輪では、ボクシングで敗れた韓国人選手が判定を不服としてリング上に一時間以上座り込む騒動があった。思い通りにならないと、なりふり構わず我を通そうとする姿を、嫌悪・軽蔑した。

雑誌やうわさ話などで、朝鮮にルーツがある芸能人と知れば、「この人は韓国人」などと得意げに家族に伝えたこともあった。

ただ、道義的に良くないという罪悪感は持ち合わせており、外では明かさず、心の中で負の感情を自己増殖させていた。

書いていても閉口するような人間がこの私だった。時代の影響があったにせよ、無知や予断、偏見から、地方に住む小さな子が、いとも簡単にレイシスト（人種差別主義者）になっていた。

曇りなき目を持つ人

差別、排除された側の心中はどうだったのだろうか。

生の声が聞きたくて、大津支局勤務の二〇一七年、在日韓国人二世の年配男性にロングインタビューをした。

「『朝鮮』と言われたら返す言葉がないんですよね。ドーンと体全体に重いものが走るんです。『差別を受けるのとちゃうか』。この恐怖心ですね。そのつらさはね、言葉では表現できないんですわ」

滋賀県湖南市の呉山良雄さんは、幼少期の苦い思い出を関西弁でそう話した。多くの在日コリアンが「朝鮮」という言葉に悩み苦しみ、自分のアイデンティティーについて葛藤した。

呉山さんの両親は、太平洋戦争が始まる一九四一年の四月、「日本の憲兵に連行され」、生後間もない呉山さんの姉を連れて海峡を渡った。

呉山さんは開戦翌月の四二年一月、兵庫県西宮市で生まれた。

「朝鮮語をしゃべってこそ朝鮮人だ」

朝鮮語を話さないと、父に棒でたたかれた。日本で暮らしながらも、コリアンとしての風習や文化、民族性を教わった。

終戦前に滋賀県に引っ越し、コリアンが暮らす河川敷のバラックで暮らした。

差別と極貧に苦しんだ小学校時代。

「おい、朝鮮漬け！」

そうはやし立てられ、クラスのガキ大将を思わず殴ってしまう。帰りの会で糾弾されたが、「朝鮮と言われたからだ」とは口が裂けても言えない。担任から職員室に呼ばれ、理由が話せるとホッとしていたら、逆に怒られた。

「朝鮮人やのに朝鮮人と言われたからって暴力をつこたらあかん」

頼るべき先生からそう諭されたとき、子ども心に決心した。

人に頼らず、自分で生きていかねば。

取材していて、救われる場面があった。差別や偏見の強い時代に、自然体で接する人がいたのだ。中学時代に出会った物理の細野先生もその一人。理系科目を頑張るよう励まされて、定期テストでクラス一位になったこともあった。そして迎えた卒業式。サイン帳に恩師や友人に一言書いてもらうのが当時のはやりだった。人気のある先生には行列ができているが、「ぼそぼそしゃべる」細野先生には誰も行かない。

「かわいそうやな」

サインをもらいにいくと、「よっしゃ」と万年筆でスラスラ書き、はんこまで押してくれた。

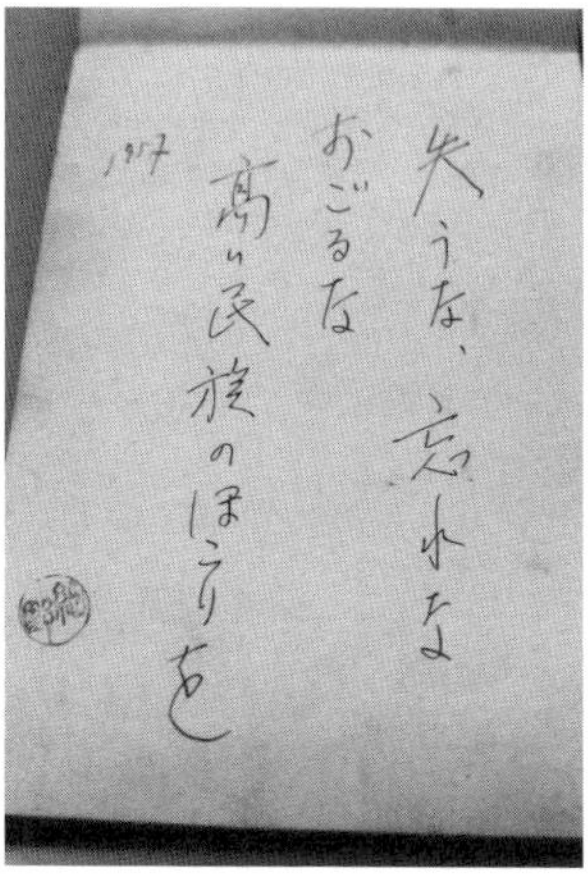

中学校を卒業する呉山良雄さんに恩師が寄せたメッセージ

「よし、頑張れよ」

職員室から廊下に出て、サイン帳を開けてみる。こう書かれていた。

《失うな、忘れな　おごるな　高い民族のほこりを》

韓国人って知ってはったんや。

呉山さんは苦しんだり、悩んだりすることがあると、この恩師の印鑑が押されたサイン帳を開いた。

「生涯の宝物です」

呉山さんは県立甲南高校（現・甲賀市）に進み、サッカー部のセンターFWとして活躍した。二年時に県最優秀選手に選ばれたが、近畿大会には国籍を理由に出場できなかった。

「日本で生まれて、日本で育って、日本で勉強を受けてね、なんでそんなとこで差別をするのか、疑問を感じましたね」

卒業後、朝鮮大学校（東京都）の師範課程を修了。県内の公立小学校や滋賀朝鮮初中級学校（当時）の教師を経て、六九年に配電資機材の製造会社に転職した。

人生の恩人とも言える人と出会う。

親会社の社長だ。溶接などの基礎技術を通信教育で独学する積極性を見込まれ、起業を勧められた。起業には五〇万円という呉山家にとっては大金が必要だった。両親に事情を話すと、ストックしておいた一年分の米を全部売り払い、不足分は母が高利貸しで借りて捻出してくれた。その年の夏に鉄製電柱などの製作会社「呉山（現・伸和）工業」を起業する。二七歳の若き社長以下、わずか四人の会社だった。

半年後のことだ。なぜか興信所の調査が会社や実家に入り、親会社の総務部長に「ちょっと来い」と呼び出された。

「おい、君、朝鮮人やろ。朝鮮人がねえ、うちと取引ができると思っているんかね」

苦労してかき集めたお金で旗揚げした会社を全否定された。電柱の納入先は電力会社だ。国の基盤を支えるエネルギー業界だけに保守的な意識が強い。ショックのどん底に陥った呉山さんは、次の日に親会社の社長にアポイント無しで会いに行く。

尋常ではない蒼白《そうはく》な顔つきを見て、社長は聞いた。

「なんかね」

「実は私は韓国人なんです」

「え？　それがどうかしたんかね」

「韓国人とは取引できんと言われたんです」

「えっ！」

社長は脱いだスーツを掛けていた手を止め、イスに座った。

「誰が言ったのかね」

「……」

「いいから言ってみたまえ」

「総務部長です」

社長は即座に卓上の呼び鈴を「ジー」と鳴らした。

「総務部長、来たまえ」

総務部長が入室すると、社長は声を荒げた。

「君はここの社長かね？」

「はっ、違います」

「呉山君に取引できんと言ったんかね？」

「言いました」

「下がっとれ」

社長はイスに座ったまま、一言も発しない。それを見た呉山さんの心臓はバクバクと飛び跳ねた。社長は手元の新聞をぱーっと開く。

「呉山君、申し訳ないことをした。僕の部下にあんなくだらないやつがおるとは。あのね、韓国人にもええ人はいはるし、悪い人がいる。日本人にもええ人がいるし、悪い人がいるよ。そんなもんを分け隔てするもんとちゃう。僕が君をね、信頼してやってみいと言ったんだよ。なんにも心配することはないよ」

社長が開いた新聞に何かがポタポタと落ちる。呉山さんの目からこぼれ落ちた涙だった。社長も横を向き眼鏡を上げて、目頭をそっと拭った。

関西電力出身の小松原喬社長（故人）。当時、これほど曇りなき目を持った人がいたなんて。私の周りにそんな人がいただろうか。いや、いても目に入らなかった。呉山さんの体験を聞きながら心が震え、原稿に書き起こすときにも、やはり体内に走るものがあった。

呉山さんは小松原社長が見込んだ通り、起業した会社を成長させ、今も社長を務める。その傍ら、地域のごみ拾いを通じて、暴走族など横道にそれた青少年を更生に導くボランティア活動を二〇年近く続けている。

まぐれで記者の道に

私は毎日新聞の採用試験に引っかかり、大学を卒業した一九八六年春から記者の道を歩み始めた。引っ込み思案のノンポリ。正義感が強いわけでもない。記者には全く向かない性格で、よく合格（そのうえ、三〇年以上も続けることが）できたものだと思う。第一志望の出版社に面接で次々と門前払いされ、筆記試験の比重の高い新聞社も選択肢に入れたまでだ。ただ、幼い頃から文章を書くことは好きで、人にも強い関心があった。

「グリコ・森永事件（未解決のまま公訴時効が成立）の逮捕原稿を書いてみたい」

柄にもなく志望動機にそう書いた記憶がある。平和とか反原発とかの志向は強かったものの、取り組みたいテーマがあったわけではない。記者になった以上、差別や偏見はすまいと心を入れ替えたが、朝鮮半島は眼中になかった。植民地支配や現在も続く在日の諸問題はやりがいも意義もあり、平和と直結するテーマにもかかわらず、意識の外だった。

二年後の瀬戸大橋開通で廃止となる国鉄（当時）の宇高《うこう》連絡船で岡山県から瀬戸内海を渡り、香川県を持ち場とする高松支局に赴任した。不出来な新米記者は警察・司法担当として、目の前の事件や事故を追いかけるので精いっぱいだった。翌八七年には、隣国の若い学生たちが軍事政権を打倒する民主化闘争に命を懸けていたことも知らなかった。その後、坂出駐在（香川県坂出市）、大津支局、大阪本社（大阪市北区）、高知支局、大阪本社と転勤を重ねたが、朝鮮半島は視野になかった。

そんな中でも「朝鮮半島」に遭遇し、考え込むことはあった。三年目の坂出時代のことだ。春の選抜高校野球への出場権をつかんだ私立尽誠学園高校（香川県善通寺市）の担当となった。大阪などからの野球留学生が主力を占める新興有力校で、正直、地元に密着した公立学校だったらよかったのにと当初は気乗りしなかった。ところが取材を続けるうちに選手たちの一途な思いに触れ、一番の応援者となっていく。

エースの宮地克彦投手（プロ野球の現・埼玉西武に入団）が主将で中軸を打ち、負傷明けで最後のベンチ入りをつかんだ一学年下の谷佳知《よしとも》外野手（大学・社会人野球を経て、巨人などで活躍）が巧打を見せ、選手にも恵まれたチームだった。谷外野手は後に柔道のヤワラちゃん、田村亮子《りょうこ》さんと結婚した。

選抜高校野球（通称・センバツ）は、毎日新聞が一番力を入れている主催事業だ。出場校が決まる二月一日（当時）以降、三月下旬の本番まで連日、関連記事を出すようデスクに指示され、毎日のように取材に行った。野球部の寮に泊まり込み、選手と一緒にお風呂で汗を流したこともあった。

ある日、取材に行くと、屋内のブルペンでは普段見かけない顔が投球練習をしていた。レギュラー野手の二年生だ。力のこもったボールを投げ、受ける度にミットが快音を立てている。特ダネになるかもしれないと、投球を見守る監督に勇んで聞いてみた。

「本番用の秘密兵器ですか」

予想もしなかった答えが返ってきた。

「この子は韓国人なんです。ノンプロ（社会人野球）は普通、韓国籍を採ってくれないんです。肩がいいので、（野球の要である）投手ができれば、採ってくれる可能性があるので練習させてるんです」

次の言葉が出なかった。夢舞台を控えた大事な時期に、就職を見据えた練習をしなくてはならないなんて。密かに応援するようになり、記事に名前を出すようにした。四強まで進んだ夏の甲子園では、大ファインプレーを披露してくれた。ただ、肝心の進路がどうなったか、聞きもしなかった。その程度の「応援」だった。

一本の映画が変えた

そんな私を劇的に変えたのは、一本の韓国映画だった。韓流ブームに沸き始めた二〇〇四年か、〇五年のこと。

一九九八年に金大中《キムデジュン》大統領が小渕恵三首相（ともに故人）と日韓共同宣言を発表した。歴史的経緯からそれまで禁止されていた日本の映画や音楽などが韓国で順次開放されることになった。水と油の関係に変化の兆しが現れ、〇二年のサッカーW杯の日韓共催、〇三年の韓国ドラマ『冬のソナタ』のNHK放送へと続く。韓国ドラマが次々と紹介され、距離的には近いのに、心理的な遠さから関心を寄せられなかった韓国文化に、多くの日本人が初めて接し、肌感覚でその魅力に気づいていく。私もその一人。冬ソナをはじめ、何本かの韓国ドラマを見て、心の中の鎧《よろい》が溶け始めていた。

「面白かったよ」

妻からWOWOWでダビングしたDVDを渡された。

『猟奇的な彼女』（〇三年日本公開、クァク・ジェヨン監督）。

題名からして、えぐい場面の出てくる映画ではないかと危惧しながら、期待せずに再生ボタンを押す。

釘付けになった。刺激に満ち、極上のユーモアが矢継ぎ早にまぶされ、伏線が巧みに回収され、胸がほのかに熱くなるラスト。恥ずかしながら、さらりとした黒の長髪が美しい「彼女」を演じるチョン・ジヒョンさんに心を惹《ひ》かれてしまった。

映画を字幕なしで見られたら。すぐに書店に走り、ハングルの入門書を何冊か買って、独学で勉強を始めた。

驚いた。

表記は全く違うのに、日本語と仕組みが似ているのだ。表2を見てほしい。語順は全く一緒。英語や中国語のように主語の次に動詞が来ない。しかも、「は」や「を」などの助詞の使い方も一緒だ。中には、助詞の「が」に相当する「가《ガ》」のように、発音さえそっくりなものもある。おおざっぱに言うと、頭に浮かんだ日本語を前から順番に訳していけばいいのだ。言語の仕組みを知ると、近くて遠いと言われる隣国の予想外の近さを実感した。

子どもの頃、嫌悪の対象だった暗号のようなハングルは、実は、口や舌、歯などを現すいわば象形文字で、ある意味発音記号でもあると知る。一五世紀に世宗《セジョン》大王の命令で一流の学者が集められ、科学的に作られたとあって、その構造はとても合理的だ。丸（・）や横棒（—）と縦棒（|）は母音を形作るパーツで、それぞれ天、地、人を意味し、文字の中に易学の魂さえ込められている。

その仕組みは、ローマ字と似ている。先ほどの「가」は、左の「ㄱ」が「K」に相当し、右の「ㅏ」が「A」。つまり「KA」。ただ、語頭でなければ、「K」が「G」と濁って発音されるため「GA《ガ》」となる。これさえわかると、知らない単語でも発音できるようになる。単語の三分の二

表2

私	は	映画	を	見て	います。
저	는	영화	를	보고	있어요.

表3

선생님《ソンセンニム》（先生）

程度は漢字語が占め、漢字語なら発音してみて音の似ている日本語を探せば、多くの場合意味がわかる。

たとえば、朝から夜まで万能に使えるあいさつの「アンニョンハセヨ」。「アンニョン」って、なんだろう。実は「安寧」。「アンニョン」と「あんねい」。発音に似たところがある。「安寧ですか」が、「おはよう」であり、「お元気ですか」「こんばんは」なのだ。

「約束」は「ヤクソッ」。「感謝」は「カムサ」。「汽車」は「キチャ」……

異文化でありながら、どこか親密性を秘めた近さがある。

ただし、発音は厄介だ。同じ音に聞こえる母音や子音がある。

漢字語の선생님《ソンセンニム》（先生、「ニム」は「様」）。最後の「ム」も含め、私の耳には「ン」が三つあるように聞こえるが、前から「ㄴ」「ㅇ」「ㅁ」と、それぞれ違う表記を使う（表3）。区別して発音するのは難しく、やはり外国語だなと思ってしまう。しかし、勉強を進めると、日本語の「ん」にも、同じ使い分けの発音があることに気づく。

ソンセンニムの最初の「ㄴ」は、「あんた」の「ん」。実際に発声してみてほしい。上あごに舌が付いているだろう。二番目の「ㅇ」は、「あんこ」の「ん」。口は半開きになる。最後の「ㅁ」は、「あんま」の「ん」。口が閉じる。発音のしやすいように知らぬ間に使い分けているのだ。ただ、日本語の場合、ハングルのように表記を区別せず、どれも「ん」でカバーしているわけだ。ハングルをかじらないと、気づかなかったことだ。違いながら似ている。これは言語だけのことではない。欧米の国ではそうはいかないだろう。朝鮮半島を知る面白さの一つはそこにあり、写し鏡のように日本のことがよく見えてくる。

言葉がわかってくると、その文化や歴史も知りたくなる。韓国・朝鮮料理のおいしさと辛さに目覚め、キムチが食べられるようになり、現地を旅するようになる。背景に必ずあるのが、切っても切れない日本との深い縁。知れば知るほど奥が深く、興味はどんどん膨らんだ。加害の歴史にも目が向き、朝鮮半島が取材対象に浮かび上がってきた。

哀楽の初のソウル

初めてソウルを旅したのは、二〇〇七年夏のことだ。

ハングルの独学を始めたばかりの私が、妻と一人娘を誘った。新羅《シルラ》ホテルに到着し、近くにある地下鉄の東大入口《トンデイック》駅のホームで地下鉄を待っていた。高校一年生だった娘が、日本では見かけない菓子類の自販機を見つけ、面白がって購入した。興奮気味に日本語で妻と談笑していたら、突然、「ヤー」という怒鳴り声がした。そばにいた中年のアジュンマ（おばさん）がすごい剣幕で詰め寄ってきたのだ。これはまずい。間に割って入ろうとしたとき、車両が到着し、慌てて飛び乗った。研ぎ澄まされた刃物のような敵意で、私も怯《ひる》むほどだった。

娘がこの国に嫌悪感を抱かないといいけどなあ。

そう案じているうちに乗り換え駅に着いた。大勢の利用客が行き来するホームで足を止め、何番線に乗り換えるのか、日本語のガイドブックを取り出して首を傾げていたら、五〇歳代ぐらいの男性が近づいてきた。

「イルボンサラム（日本人）？」

「ネー（そうです）」

ガイドブックを見せると、付いてきなさいという素振りだった。何か嫌がらせでもされるのかと一瞬ためらったものの、後を付いていく。右に左にと進み、乗り換えホームまで先導してくれたのだ。誤解が恥ずかしくなり、心を込めて言う。

「カムサハムニダ（ありがとうございます）」

男性は「さいなら」と日本語で言って、笑顔で立ち去った。

最終日に大統領官邸の青瓦台《チョンワデ》近くにある、評判のすいとん店で昼食をとった。韓国では人気店でも大抵、かしこまらない大衆食堂のようなたたずまいだ。壁に掛けてあるカレンダーが目に入った。八月の中央にある「15」の数字が赤色になっている。そう、三五年間にわたる植民地から「解放」された八月一五日は、韓国の祝日なのだ（北朝鮮も）。暗闇だった地に再び光が届いた「光復」と呼ばれる。韓国が建国されたのも、解放から丸三年となる一九四八年八月一五日だ。

例の駅での出来事は、その前日の一四日のことだった。公共の場で声高に話される日本語が、過去の嫌な記憶を刺激したのかもしれない。そう思い当たった。

その後、娘は大学時代に第二外国語で韓国・朝鮮語を履修し、韓国の留学生とも友人になった。その友人の釜山《プサン》の実家を一人で訪ねたこともある。乗り換え先を案内し、嫌な思い出を即座に塗り替えてくださった男性には、本当にカムサハムニダ。

（1）〒520-0051　大津市梅林2丁目4番6号。水～日曜の入場10～16時半、一般200円、高校生以下無料。JR大津駅南口から徒歩5分。077・525・3030（電話）、3450（ファクス）。
（2）法務省民事局の「帰化許可者数推移」（二〇二〇年）
（3）『在日朝鮮人　歴史と現在』三二、三三ページ

2　（이）少女の墓

「韓国」と「高知」で検索

韓国を旅行した翌二〇〇八年春、毎日新聞大阪本社から高知支局に転勤になった。大阪本社では記事の扱いを判断し、見出しを考える編集デスクをしていたので、久しぶりの外勤だ。

入社して二三年目、高知は〇〇～〇二年の次長（デスク）時代に続き、二回目の勤務となる。酒の弱い私だが、人と人の距離が近い高知はなぜか肌が合った。大阪本社(1)（管轄は九州、山口を除く西日本）から遠く、その目が届きにくいところも良かった。前回の赴任と違うのは、朝鮮半島

に関心を持ち始め、ハングルが少し読めるようになっていたことだ。朝鮮という新たな視点で高知を見たら、何が目に入るか。面白い出会いがあり、仕事にも役立つのではないか。そんな期待があった。

二回目の高知勤務ながら、朝鮮半島に接点のある取材関係者は一人も思いつかなかった。なぜなら。

前回は紙面づくりのキーとなる次長で、支局に出勤すると、夜遅くまで缶詰め状態だったからだ。外出は昼食時のみ。仲間内では通称「かごの鳥」と呼ぶ。必要な取材を支局員に指示し、出稿されてきた原稿に手を入れ、ときには補強取材を求め、ニュース価値が高いものは全国版に売り込む。本社の高知面編集者にメニューを送り、組み上がった大ゲラのチェックをする。一方で、内部告発などの電話や、県警などからの事件事故のファクス、来客者の応対もこなす。メチャクチャな激務で、取材に出る機会はめったになかった。

朝鮮半島の関係者を一から探る必要があった。まず情報源として目をつけたのが、高知県内で八、九割の部数を誇る地元紙の高知新聞だ。本場の家庭料理などを提供する日韓文化交流広場「ミレ」（漢字語の「未来」）を始めた高知市の安英淑《アンヨンスク》さんの記事を見つけた。二番煎《せん》じを気にせず、早速、取材に行った。パジョン（韓国風お好み焼き）などをごちそうになり、雑談の中で、高知県議と結婚した「素敵な韓国出身の女性」がいることを知る。連絡先を教えてもらい、高野慶さん（一九七八年生まれ）を取材して、「となりの国のトトロ」と題した夕刊コラム「憂楽帳」などを書いた。

「ストレートに物を言う高知県人は、韓国人と気質が似ています」

高野さんの指摘に、我が意を得たりと思った。

高野さんはその五年後、夫の光二郎氏が参院議員に当選（二〇一九年に再選）し、今では国会議員夫人となっている。安さんは悲しいことに病のために早くも旅立たれた。

絵本『むくげの花の少女』の三カ国語版

もう一つ試したのが、ネット検索だ。「高知　韓国」などで検索を続ける。お手軽で楽ちん。本来は外歩きをしてネタを見つけるのが記者のあるべき姿だ。ただ、使える手法は使うべし。数ある情報から何を見つけ出し、どう展開するか。それも記者の勝負所ではないだろうか。一日中、パソコンの前に座る記者がいたとしたら悲しいけれど。

高知と韓国は接点が少なく、多くの結果はヒットしなかった。その中で、私なりのアンテナに引っかかったのが、絵本『むくげの花の少女』だった。職業作家ではなく、一般の年配女性が完成させたようだ。絵本の出版自体はすでに記事になっており、それを繰り返しても面白くもなんともない。興味を惹かれたのは、日本語版だけではなく、ハングル版と英語版が立て続けに出版されていることだった。人々の想いが伝播《でんぱ》するには、計り知れない情熱が潜んでいるに違いない。そこに焦点を当てれば、高知面ではなく、読者の多い全国版に行けるのではないか。

すぐに書店へ向かった。税別一四二九円。副題は『朝鮮国女の墓』。フルカラーの三二ページ。A4判より少し小さいサイズだ。書店前の高知城内にあるベンチに座り、咲き誇るむくげの白い花びらから上半身を出した少女が描かれた表紙の絵本を開く。

《白いむくげの花がだいすきだった
　朝鮮のうつくしい少女の　お話をしましょう》

夢にあふれていた一〇歳代の頃に力ずくで異国に連れて来られ、故郷をしのんで涙に濡れながら送った日々。没後も大切に思われ、守り継がれているお墓。なんとかわいそうな生涯なんだろう。それでいて、なんと温かい地域なんだろう。文章を書いたのも、絵を描いたのも、素人とは思えない。第一、秀吉軍の侵略によって、高知の郡部にまで連行されてきた人、それも少女がいたなんて、思いもよらなかった。

奥付に作者である植野雅枝さんの自宅の電話番号が書いてある。高知地裁の斜め前に当時あった支局に戻ると、机上の電話の受話器を取り、プッシュホンを押していく。

作者の植野さんを訪ねる

四国の南半分を占める南国・高知県。ほぼ中央に位置するのが県都の高知市だ。人口約三三万人。市街地には大きなビルが立ち並ぶ一方、車で三〇分も走れば、豊かな山や海、川と出合うことができる。人が人間らしく暮らすには、ちょうどいい規模の街だ。ただ、東西に広いため、東の室戸岬に行くのも、西の足摺《あしずり》岬に行くのも三時間ほどかかる。もっとも、交通の便が悪いということは、手つかずの自然が残りやすいことでもある。

『むくげの花の少女』の舞台は、県西部の黒潮町。黒潮が流れる太平洋に面し、二〇〇六年に大方《おおがた》町と佐賀町が合併して、その名になった。人口約一万一〇〇〇人で、高齢化率が四五％に迫る過疎の町だ。農漁業が盛んで、カツオの一本釣りやホエールウオッチングの出港地で知られる。近い将来の発生が予想される南海トラフ巨大地震で、高さ三四・四メートルという全国最大の津波予想が発表されて、全国にその名を知られるようになった。

植野雅枝さん＝2012年撮影、本人提供

愛車のスポーツワゴンを西に走らせた。高知市から南西へ約一〇〇キロ。高知自動車道が全線開通しておらず、途中から下道を行く。いくつか峠を越え、最後は壮大な太平洋のブルーが窓越しに見え隠れする快適な行程だ。三時間ほどかけ、植野さんの自宅に着いた。

都会なら小さな家が建てられそうな広い庭にはむくげが植えられ、応接間にあるＬ字型の本棚には多くの本が並んでいた。その四年前に夫の末丸さんに七一歳で先立たれ、三人の子も独立して一人暮らし。当時七〇歳の植野さんは、私の母とほぼ同年齢だが、高知県立高知女子大学（現・高知県立大学）国文科で学ばれ、見識の高さと芯の強さを感じさせる人だった。

取材した一〇年ほど前の記憶はかすんでいる。よく覚えているのは、その翌年に黒人で初めて米大統領に就任するバラク・オバマ氏の民主党候補指名を喜んでおられた姿だ。改めて取材したときのことだろう。

記憶を補完するため、自宅書斎のクローゼットにしまった段ボール箱から取材ノート一式を取り出した。新聞社名が入った薄青のノートの表紙には、手書きの《高知・大澤》の赤い文字。三年余の高知時代のノートのナンバリングを見ると、《27》まである。取材相手の話に耳を澄まし、二七冊のノートに懸命に書き取ったメモが残されている。自分で書いた文字ながら判読できない部分さえある。

記事の掲載は八月二六日付夕刊と九月一日付朝刊高知面のコラム「支局長からの手紙」で、取材は八月中旬だったのではという読みは外れ、なかなか見当たらない。

寄り道をして、当時考えていたことを記したい。肩書は支局長。小さな支局で、次長一人、若い支局員三人、四万十通信部のベテラン一人、アルバイト一人。支局長は本来、事業運営などの業務をこなせば、記事を書く必要はない。それでも、あくまで記者でありたかった。

「支局長からの手紙」は、大阪本社の各地域面で週一回掲載されている共通企画だ。私の入社以前に始まり、今も続いている。所属長による看板コラムのはずが、筆無精な支局長はめったに書かなかったり、書いても主催事業の宣伝でお茶を濁したり、私の目には読者からもさほど注目されない連載と映っていた。

内勤の編集職場が長かった私は、記事を書くことに飢えていた。だからこそ、貴重な機会である、そのコラムを売り物にしようと考えた。原稿用紙に三枚ほど。記者生活を重ねると、床屋談義のようなコラムはすぐに書けてしまう。しかし、大抵の場合、つまらない。必ず地元の人や現場を取材して、何度も書き直して仕上げる。一度も休まない。とにかく心に響くものを。しかも、独自ネタを。

欲張りつつも、そう自分に課した。

難病患者、北朝鮮からの引き揚げ、高知で没した石川啄木の父、憲法前文のお国ことば化……。自分の琴線に触れるものは、貪欲《どんよく》に追いかけ、多くの魅力的な人に会っていた。

ようやく取材メモを見つけた。《4・1～5・21》と記した、まさかの一冊目だった。〇八年四月一日に赴任し、植野さんを訪ねたのは意外に早い五月一七日。取材した様子が、霧が晴れるように少しずつ浮かび上がってくる。

絵本を出版した経緯を尋ね終わると、植野さんを車に乗せ、北東に七キロ弱離れた「朝鮮国女

むくげの花の少女（朝鮮国女）のお墓（右手前）。左奥は植野雅枝さんが植えたむくげの木＝高知県黒潮町上川口で

の墓」に向かった。現地を見たかったのと、植野さんとお墓のツーショットを撮るためだ。記事で紹介する人がどんな外見をしているのか、お墓の造作はどんなものか。「読者の知りたい」に通じる写真は、新聞ではぜひものだ。一方で、スペースの限られた新聞は、長い記事や不必要な写真は編集者に毛嫌いされる。写真を一枚に絞るには、お墓の前で植野さんに合掌してもらうのがベストだ。

　太平洋沿岸を走る国道五六号を行く。初夏の日差しがきらきらと海を輝かせていた。お墓を示す小さな案内板のところで左折し、細い舗装道を二〇〇メートルほど山側に進む。第三セクター「土佐くろしお鉄道」の高架の手前で車を止め、植野さんの案内で少しだけ山側に歩いた。左手に雑草の茂った緩いスロープがあり、二メートルほど上ると、細長いスペースに出る。

　一番奥に小ぶりのお墓があった。墓石は高さ三九センチ、幅二〇センチ、奥行き一七センチで、三段の台座の上に据えてある。台座を含めた高さは八三センチ。墓石の正面には《朝鮮國女墓》、右側面に《天正年中来》（天正年代に日本に来たという意味）、左側面に《卒年不知》（没年は不明）と刻んであるのがかろうじて読める。

後日掲載した「支局長からの手紙」には「望郷の花が咲く」（〇八年九月一日付）と題し、こう書き出している。

《鳥のさえずりが山に響きます。

国道56号の案内板から脇道に約200メートル入ると、日本人の墓に交じり、安置されていました。黒潮町上川口にある朝鮮国女の墓です。幼児の背ぐらいの小さなお墓に、花が手向けられています。周囲に雑草は見当たりません。同行した植野雅枝さん(70)＝同町入野＝は「地元の人がきれいにしてくださっているのでしょう」》

異国の名もなき少女が眠るお墓は、それはそれは大切にされていた。この小さなお墓に眠るまでには悲しい歴史があった。

「出兵」でなく「侵略」

一人の男の野心から、数多くの命が奪われ、膨大な量の涙が流された。

その名は、豊臣秀吉（一五三七～九八年）。

朝鮮侵略について、当時は教科書で習った程度の知識しかなかった。かつては「朝鮮征伐」と、邪悪な国を退治したかのような表現が使われた時期もあった。新聞やテレビは今、「朝鮮出兵」という表現を使い、自分も新聞記事にそう書いていたが、本書では実態に即して「朝鮮侵略」とする。

秀吉の視線の先には、早い段階から大陸があった。関白に就いた八五年には早くも、「唐国《からくに》」（中国の明）の侵略を朱印状で表明していた。[2] 九〇年に日本の統一を果たすと、「唐入り」の道案内を拒んだ朝鮮を侵攻する。明と宗属《そうぞく》関係にあった朝鮮が[3]、宗主国を攻撃させるわけがない。秀吉は明の征服後には天皇を北京に移し、中国の皇帝にする壮大な計画を抱いていた[4]。

九二年と九七年、立て続けに一六万、十四万の兵を朝鮮半島に送るが、二度とも失敗に終わる。当時の元号から、合わせて文禄・慶長の役という。秀吉自身も渡海を宣言したが、実現はしなかった。

開国から二〇〇年の朝鮮王朝は、支配階級の両班《ヤンバン》同士が党争に明け暮れる一方、大きな外敵がなく、傭兵が中心の軍隊は弱体化していた。対する秀吉軍は、戦国時代に実戦を重ね、朝鮮では実戦で使われていなかった鉄砲の扱いにも慣れていた。武官より文官を重んじる朝鮮に、武力を尊ぶ日本が攻め入る構図となった。

小西行長や加藤清正らはわずか二〇日で都の漢城《ハンソン》（現・ソウル）を陥落し、朝鮮半島をほぼ制圧した。

絶体絶命の朝鮮はここから反撃する。獅子奮迅の活躍を見せたのが李舜臣《イスンシン》将軍だ。甲板に鉄板を張り、その上に鉄針を巡らせた亀甲船《きっこうせん》を投入し、寄せ集めの秀吉軍の水軍を撃破した。明が援軍を派遣し、両班や僧侶らが義兵としてゲリラ戦で対抗して、秀吉軍は南部まで押し戻された。

再び侵攻した慶長の役では、朝鮮南部の支配を目指した。朝鮮は王命無視の罪で投獄していた李将軍(5)を復帰させて巻き返した。李将軍は最後、流弾で戦死するが、救国の英雄として韓国各地に銅像が立つ。

耳塚＝京都市東山区で

李将軍の名は、米アカデミー賞作品賞の韓国映画『パラサイト　半地下の家族』（二〇一九年、ポン・ジュノ監督）にも登場する。パーティーのテーブルを並べる形として、李将軍が閑山島《ハンサンド》の海戦で秀吉水軍を待ち伏せして包囲・撃破した「鶴翼の陣」という船団の隊形がセリフに使われているのだ。

秀吉軍は、秀吉の死とともに撤退を余儀なくされた。七年にわたる侵略で朝鮮人の犠牲は数十万人に上った。(6)慶長の役では、戦功の証として秀吉に献上するため、戦死者の耳と鼻をそいだ。兵士だけでなく、老人から子どもまでの民衆のものが大半を占めていた。(7)塩漬けして持ち帰った耳と鼻は「耳塚」に埋葬された。残忍な耳そぎは、李将軍の朝鮮水軍が文禄の役で先に左耳の切り落としをしていたが、組織性、鼻の多さ、無差別性という点で質が異なる(8)。

京都市東山区の耳塚を訪ねた。秀吉を祀《まつ》る豊国神社のすぐそばにある。自宅から徒歩で三〇分足らず。石垣の上に土がこんもりと盛り上がり、満遍なく草が生い茂る。天辺に五輪塔が建つ。小型の古墳のような外観だ。正面にある左右の花立てから、ピンクの花が顔をのぞかせている。塔の四方には梵字《ぼんじ》が刻まれている。正面の一番下の文字は、その素養のない私には、「耳」を意味するハングルに見えた。

数万人を捕虜に

殺し殺されの戦闘だけではなかった。

漢城の景福宮《キョンボックン》などの貴重な文化財が戦火で焼かれ、朝鮮の耕地面積の三分の二が失われた。

さらに秀吉軍は、捕虜として儒者や印刷、陶芸などの技術者ら数万人を日本に連行した。陶工たちは磁器生産の技術を伝え、有田焼や唐津焼、薩摩焼、萩焼など九州や山口の多くの陶磁器産地を開いた。朝鮮から金属活字も持ち帰り、日本でも大量の印刷ができるようになった。

土佐から二度出兵した長宗我部元親《ちょうそかべもとちか》（一五三九〜九九年）の軍勢も例外ではなかった。『大方町（黒潮町の前身）史』によると、朝鮮南東部の慶尚道から秋月城主の朴好仁《パクホイン》ら三〇人を土佐に連れてきた。一行は山内氏入国後に浦戸から高知城下へ移住し、豆腐商いの特権を与えられ、城下の営業を独占した。連行された朝鮮人が集まって住んだ町が、高知市の鏡川北岸に今も地名が残る「唐人《とうじん》町」だ。

高知県でカツオのたたきに生のにんにくを添えるのは、慶長以来、土佐に住んだ朝鮮人の影響ともされる[9]。

徳川幕府になって朝鮮との関係が修復され、捕虜の一部は朝鮮から派遣された回答兼刷還使《さっかんし》（後の朝鮮通信使）とともに帰国することができた。朴好仁もその一人。『四百年の長い道』によると、土佐には朴好仁一族と家人の他、三五〇人もの朝鮮人が連行されたという。捕虜のほとんどは雑役に使われ、逃亡するものはみな斬り捨てられた。しかしながら、朴好仁は珍しい豆腐をもたらした功績のためか、厚遇され、土佐を離れることができた。伊予（現・愛媛県）を経て、福島正則の支配する広島に移り住んだ。一六一七年、朝鮮からの刷還使によって、広島生まれの二人の子とともに帰国を果たした。土佐に残った長男は山内一豊の正室の侍女との間に四人の男子を授かり、後に秋月氏を名乗った。今も秋月姓の子孫が続いているという。

『朝鮮の歴史　新版』によると、朝鮮侵略で少なくとも五万～六万人が連行され、帰国できたのは約七五〇〇人。連行者数は「二万～三万人」や「数万人」とする見方がある一方、韓国側の文献は「少なくとも一〇万人」とする。正確な数は不明だ。

機織り少女も連行

連行されたのは、技術を持つ成人男性だけではなかった。

帰国できなかったのは、陶工たちだけではなかった。

『大方町史』などによると、長宗我部軍として、慶長の役に参戦した地元の豪族、小谷《おだに》与十郎は、三人の少女を連行しようとした。ところが、一人は船に乗る際に逃げ出し、もう一人は海に身を投げた。残った一人の少女が船底に閉じ込められ、当地に連れて来られた。

この少女は機織りを得意とし、その技術を近隣に伝え、地元で愛されたが、望郷の念を抱いたまま、異国で生涯を閉じた。その霊を慰めようと、与十郎の子孫、安次《やすつぐ》が少女の没後に《朝鮮國女墓》と刻んだ墓碑をつくり、小谷家が三〇〇年以上にわたり、代々手厚く守り続けている。

静かに眠るこの少女に光を当てたのは、植野さんが最初ではなかった。

《静かに眠る朝鮮の機織女

四百年の恩讐《おんしゅう》を越えて》

こんな見出しが並ぶ、高知新聞の一ページ大の広告特集がある。そのコピーを大切に残している植野さんと小谷家の子孫から見せてもらった。一九八一年三月四日付。欄外に《全面広告》とあり、二四の協賛企業が下部に並ぶ。筆者は、元高校教諭の土佐文雄さん（故人）。植野さんの夫で、高校教諭だった末丸さんとは親友で、文学・釣り仲間でもあった。

《それは一つの投書から始まった》

そんな書き出しで、九年前の七二年、高知新聞の投稿欄「読者の広場」に届いた「ある朝鮮人

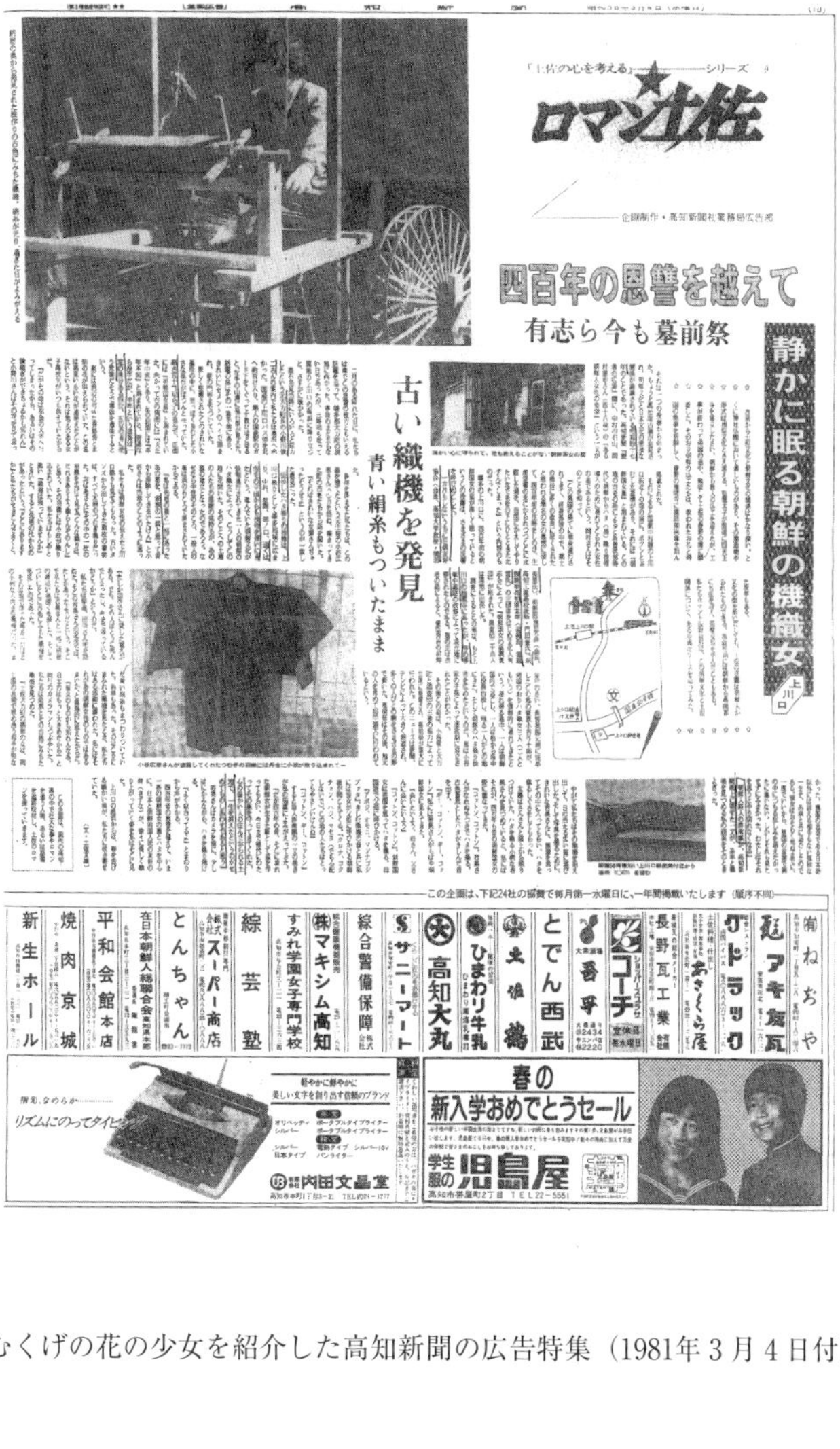
「土佐の心を考える」シリーズ

ロマン土佐

企画制作・高知新聞社業務局広告部

四百年の恩讐を越えて

有志ら今も墓前祭

静かに眠る朝鮮の機織女

古い織機を発見

青い絹糸もついたまま

この企画は、下記24社の協賛で毎月第一水曜日に、一年間掲載いたします（順序不同）

むくげの花の少女を紹介した高知新聞の広告特集（1981年３月４日付）

女性の墓標」と題する投書を紹介している。投稿者は、黒潮町の西隣りの中村（現・四万十）市に住む当時四八歳の男性だ。

国鉄（当時）中村線の上川口駅近くの畑の端に苔《こけ》むした「朝鮮国女墓」という墓標があり、この地の古老から墓の由来を聞いた。

《四百年前の往時をしのび、生前望郷の念にかられつつここに永眠した魂を、母国にかえしてやりたい念で老松の下にひとときたたずんでしまった》

投書は反響を呼び、ひと月もしないうちに高知大学の関田英里《ひでさと》教授（故人）が会長を務める日朝友好協会をはじめ、朝鮮問題研究会、朝鮮総連（在日本朝鮮人総連合会）高知県本部のメンバー、文化人有志ら二〇人あまりが現地を調査し、大方町と小谷家の協力も仰ぎ、墓の一帯を整備した。以来、墓前祭が毎年行われていると特集は紹介している。

投書のあった七二年は、奈良県明日香村の高松塚古墳で色鮮やかな壁画が発見され、考古学ブームが沸き起こるとともに、朝鮮文化の影響に関心が集まった年だ。

募金で碑文建立

墓域の整備から九年後。この広告特集が地元で影響力のある高知新聞に載り、少女の想いを込めたバトンが受け継がれる。

旧大方町長の小野川俊二さん（故人）の呼びかけで「朝鮮国女の墓を守る会」が結成され、町民らから募金を集め、一九八一年夏に碑（本体は高さ約八七センチ、幅約一メートル三八センチ、奥行き約一五センチ）が建立された。広告特集が掲載されてわずか四カ月の早業だ。

後の高知大学学長で、守る会会長を務めた関田さん（後に高知市立自由民権記念館の初代館長）が書いた「朝鮮国女墓の由来」が刻まれている。

往昔《おうせき》、文禄・慶長の役に出陣した長宗我部元親に従って朝鮮国に渡った入野郷上川口村の土豪小谷与十郎は、帰国にあたって、若い機織の女を連行してきたという。彼の国の進んだ機織の技術を近郷近在に広めた彼女は、美しく、優しく、土地の人々に愛され慕われたと言い伝えられている。

祖国朝鮮への望郷の念を抱いて寂しく異国の地に果てた機織女は、上川口村桂蔵寺の小谷家の墓域に葬られた。墓碑を建てたのは与十郎の四代の孫小谷安次である。天正年中来と刻んだのは、文禄慶長の役の強制連行の痛ましさを隠したかったからであろう。卒年と刻んだのは尊崇の念からと思われる。

代々、土地の人々に守られてきた墓は桂蔵寺跡から、移されて現在地にある。

いま、この朝鮮国女墓を世に顕《あらわ》さんとするわれわれの志は、この悲劇の一女性の霊を慰めるとともに、それを通して、日本と朝鮮両民族の友好と連帯を誓うところにある。

一九八一年七月七日　朝鮮国女の墓を守る会

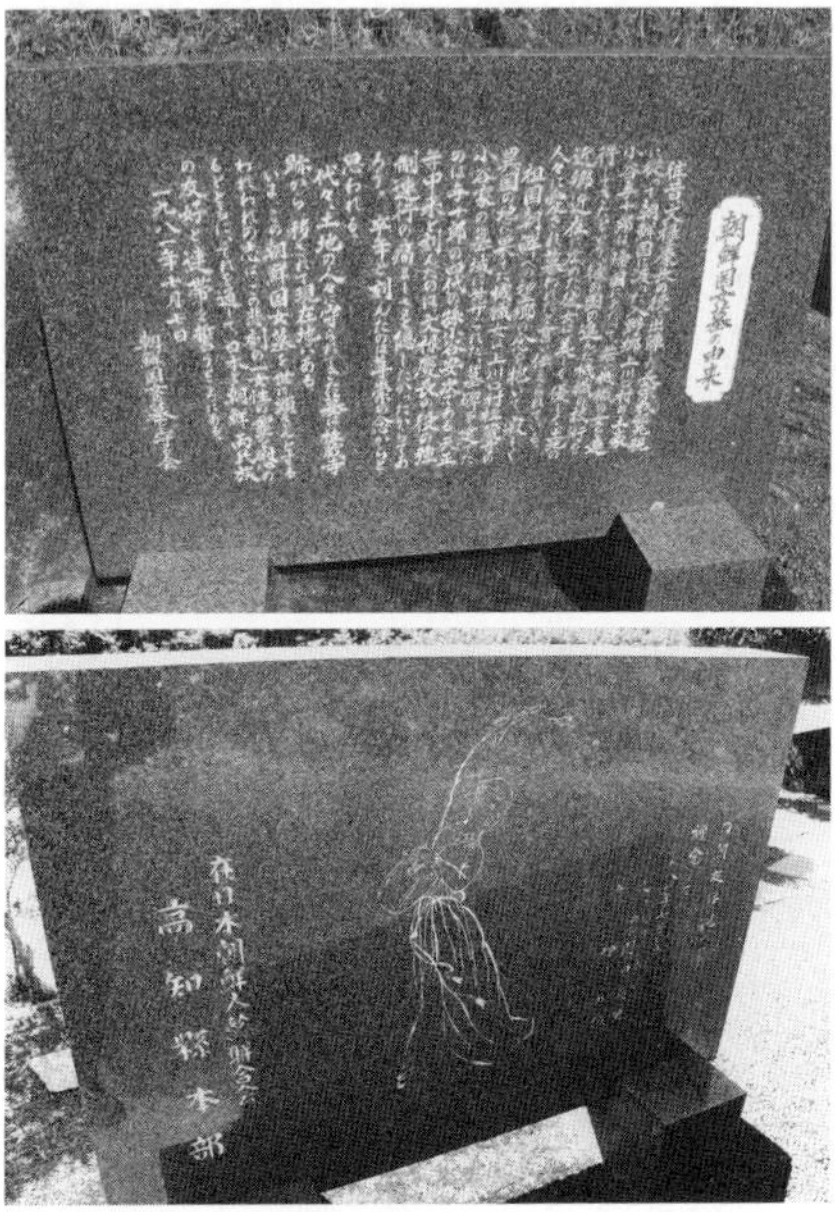

むくげの花の少女のお墓の由来を記した碑文。下はその裏面

慶長の役（一五九七～九八年）に触れず、《天正年中来》とそれ以前の天正年代（七三～九二年）に来たと刻まれた理由や、《没年》ではなく、一定の身分に使われる《卒年》とされた理由についても推測している。

碑の裏面には、右手を反り上げてプッとみられる朝鮮伝統の太鼓を打ち鳴らさんとする女性の絵とともに、建立に尽力した「在日本朝鮮人総連合会高知県本部」の名が刻まれている。碑のお披露目には、朝鮮の舞踊団も招かれたという。お墓だけがポツンとあったところに立派な碑が完成したことで、訪れる人たちにその由来がわかるようになった。

しかしながら、碑の建立から二〇年近くが過ぎ、受け継いできたバトンリレーも、途絶えかけていた。改めて光を当てたのが植野さんだった。

その光は、ひときわ強かった。

（1）登記上の本社は東京だが、ブロックごとに本社を名乗って地域色を加味した新聞をそれぞれ発行
（2）『天下統一と朝鮮侵略』二二三ページ
（3）『戦争の日本史16　文禄・慶長の役』三六ページ
（4）『同』五四ページ
（5）『秀吉の朝鮮侵略と民衆』一〇一ページ
（6）『もっと知ろう朝鮮』六一ページ
（7）『秀吉の朝鮮侵略と民衆』四一ページ
（8）『分裂から天下統一へ』一五七、一五八ページ
（9）『全集日本の食文化第五巻　油脂・調味料・香辛料』二三三、二三四ページ

3（삼）　光を当てた女性

地元の子が知らない

「なぜ絵本にしようと思ったのですか」

「地元の子が全然知らないの」

初めて会った植野さんは残念そうに話し始めた。

大阪府堺市出身。敗戦間際の一九四五年六月末、小学校二年のときに父の転勤で高知に引っ越

しし、直後の七月四日に高知大空襲（死者四二九人）に遭った。翌四六年一二月には昭和南海地震（死者・行方不明者一四四三人）に見舞われ、高知市栈橋通にあった自宅が津波で流され、仮設住宅暮らしが一〇年に及んだ。

末丸さんとの馴《な》れ初めが面白い。

高知女子大在学中、読書会のサークル帰りに喫茶店へ行くと、サークル仲間の一人に紹介されたのが末丸さんだ。高校の国語科教諭だという。翌日大学に電話があり、呼び出された。

約束の場所に行くと、

「結婚してください」

驚いてすぐに断った。後日、高知県展のアルバイト先である高知新聞社を出たら、外で待ち受けていた。別の日には同僚を連れて知らないうちに自宅を訪ねて来て、両親に結婚の話をした。

「今で言うストーカーのようでした」

旗色の悪かった末丸さんは、高校教員で教職員組合の先輩の山原健二郎さん（一九二〇〜二〇〇四年）を担ぎ出す。人望が厚く、後に県議を経て共産党公認で衆院議員を一〇期務めた人だ。植野さんの母きみさんも組合の文集に寄稿するなど、信頼を寄せていた。

末丸さんの猛アタックはこうして実り、山原さん夫婦を仲人に、二六歳と二〇歳の若い二人は一九五八年一〇月に式を挙げた。

現在住んでいる黒潮町の自宅は、末丸さんの実家だ。六〇年、末丸さんが高知県立中村高校

（現・四万十市）に赴任となり、翌年頃から暮らすようになった。郡部に学習塾などなかった時代に、植野さんは保護者に頼まれて自宅で学習塾を始めることになった。小学生は国語、算数、理科、社会の四教科、中高生には国語、数学、英語の三教科が中心で、計三〇人ほどを指導した。自閉症やいじめで登校が困難な子どももおり、中には月謝の払えない子もいた。

ある日、教え子たちに聞いてみた。

「朝鮮の少女のお墓を知ってる？」

どの子も知らなかった。墓のすぐ近くに住む三兄弟でさえ、そうだった。歴史や人権を考える、格好の文化遺産が目の前にあるのに、知らないなんて。

どうしたら知ってもらえるだろうか。

思いついたのが絵本だ。実は、学生時代から絵本を書くのが夢だった。『大方町史』を取り寄せ、できるだけ史実に近い形で書いてみた。すらすら文章が湧いてくる。学習塾の指導の合間にちょこちょこ書き足し、完成させた。末丸さんに見せてみると

「なかなかよく書けている。本にしたらええねえ」

若いときに雑誌『文學界』に投稿するなど「うんと書くのが好きな」人が、背中を押してくれた。

知人の紹介で、高知市の出版社の飛鳥に打診すると、自費出版には二〇〇万円かかるという。絵描きに頼むと余計に費用がかさむ。どうしようか。

「わしが描いちゃる」

絵の具も持っていない末丸さんが、そう言ってくれた。

もう一つ幸運もあった。高知県宿毛市に完成した中筋川ダムのダム湖の名称募集に応募したところ、自身の「蛍湖」が採用されたのだ。思わぬ賞金が入り、費用の半分がまかなえた。

そうして九七年に完成したのが、夫婦合作の絵本『むくげの花の少女』。発行日は、敗戦・解放の八月一五日。むくげは朝鮮の花で、少女が家の庭にたくさん植えたという言い伝えから題名にした。名もなき朝鮮の少女に「むくげの花」という代名詞が冠されることになった。


「どうして朝鮮の少女に関心を持ったのですか」

植野さんにぜひ聞きたかった質問をした。日本人が朝鮮半島にどう向き合っているのかは、取材したとき以上に今、私の大きなテーマになっている。

「堺の小学校の一年生か二年生のときね」

多くの人が長靴や着物などを食糧と交換して日々をしのいでいた貧しい戦時中だ。日本人風の通称名で通う朝鮮人の同級生がいた。

「優秀な男の子でした。お昼になると、外に出ていくの。後でわかったけれど、弁当を持ってこれないから」

その子を同級生の男の子たちと一緒に侮辱した。

「チョーセン、早く国に帰れ」「チャンコロ」……

一度だけのことが父の井上清さんにばれ、一日中、庭の木に縛り付けられたという。その後悔が原点だった。

清さんは戦前、朝鮮半島北西部（現・北朝鮮）の鉱山で働いたことがあった。朝鮮人の心情や置かれた境遇を知っており、愛娘の無神経な言動を見過ごせなかったのだろう。その歩みについては、第二章で詳述する。

取材の最後、植野さんは大切に残している数多くの手書きの手紙を見せてくださった。

「日本はすごく悪いことをした」

「放課後にお友達とお墓参りに行った」――

お墓の近くにある黒潮町立上川口小学校の児童たちからのものだ。植野さんは『むくげの花の少女』の絵本のほか、市販の世界地図、朝鮮半島地図などを同校に寄贈するとともに、五年生を対象に毎年、人権学習の時間に絵本の朗読などを続けていた。悲しい由来を話すと、児童たちはびっくりした。お墓の経緯を知らない教諭もいた。

朗読の際、第二次世界大戦後の五五年、米ニューヨークで開かれた写真展のタイトルに使われた「ザ・ファミリー・オブ・マン（人間はみな同じ家族）」という言葉を常に紹介し、「人種や国が違っても仲良くせなあかん」と訴えてきた。

「知ると知らないのは違う。本当にいい手紙をくれるの」

冒頭を紹介した「支局長からの手紙—望郷の花が咲く」は、こう締めくくった。

《絵本の題名は、少女の死後、好きだった庭のムクゲが枯れたという言い伝えから名付けました。植野さんは国女の墓に1本のムクゲの木を植えました。すくっと伸びた緑の木は、この夏も大柄の白い花を10輪以上咲かせています》(1)

英語版の発行者

残る取材は、英語版（二〇〇七年発行）とハングル版（〇六年発行）の発行者にその想いを尋ねることだ。

取材時の一年ほど前に英語版を発行した野口房子さん（当時七四歳）は、高知市新本町に住んでいた。グーグルマップはまだ一般的ではなく、A3ほどある住宅地図で住居を探した。県内の主要な市町を支局にそろえていたが、調査員が一軒一軒表札を実際に見て作るため、とても高価なものだった。

植野さんを取材した三日後、野口さん宅を自転車で訪ねた。手作りの名刺には《高知SGG善意通訳クラブ》など二つのボランティア団体名が記されていた。高知城天守閣などを訪ねる海外からの観光客に英語の通訳をしているそうだ。

一般の市民が英語版を出版した経緯を尋ねる。

「韓国語の勉強にいいかなあと思って、ハングル版を取り寄せたんです。読んでみたら、勉強にいいかなあっていう程度じゃなかったんです」

韓国語の勉強を始めたのは、折からの韓流ブームがきっかけだ。

少女の悲しい歴史に胸を痛め、早速、土佐くろしお鉄道に乗り、黒潮町の朝鮮国女の墓を訪ねた。手を合わせると、

《物悲しい一生が思い浮かび、目頭が熱くなるのを覚えました》（絵本のあとがきから）

外国の方にぜひ読んでもらいたいと、英語版を出すことを思いついた。ここからが素早い。植野さんに出版の了解を取り、知人で当時、高知市に住んでいたアイルランド育ちのジョン・ガラファーさん（一九六六年生まれ）に翻訳を依頼した。〇七年八月に出版したのが、英語版『The Rose of Sharon』。書名は「むくげ」の英訳だ。副題は『A Korean Girl's Last Resting Place』。直訳の Tomb ではなく、「Last Resting Place（永眠の地）」としたところに訳者の優しさを感じる。野口さんは外国人にも時代背景を理解してもらえるように、文禄・慶長の役や長宗我部元親などについて新たに注釈もつけた。

一四〇〇円。三〇〇〇部を自費出版し、私立明徳義塾中高校（高知県須崎市）の二〇人の留学生らにも寄贈した。

「儲《もう》けようという考えはありません」

野口さんの苦笑いが輝いて見えた。

韓国の翻訳者を探せ

記事を仕上げる最後のピースは、ハングル版の発行者、尹棟煜《ユンドンウク》さんという男性だった。一九六二年、韓国全羅《チョルラ》南《ナム》道《ド》康津《カンジン》生まれ。韓国・全南《チョンナム》大学校で日本語を専攻して卒業後、高知女子大学（当時）大学院（共学）博士課程を修了。九七～二〇〇三年まで高知県国際交流員を務めた。『むくげの花の少女』の絵本を知り、ハングル版の翻訳・出版を思い立ち、帰国後に実現させた。

日本語版と一緒に買っていたハングル版『무궁화꽃《ムグンファコッ》 소녀《ソニョ》』を手にする。書名は逐語訳だ。絵本の日本語版の本文を載せた分冊が挟まれ、その最後に《訳者の言葉》があり、出版経緯が紹介されていた。

国際交流員時代には、日韓交流や韓国語指導などを担当した。勤務の合間に県内の山や海を見て回った。険しい山頂の道端で《アリラン峠》の標識を見つけ、山道をつくった朝鮮人動員労働者が故郷の山に似ているから、そう名付けたと聞いた。太平洋を背にした海辺の道には、道路建設の発破作業で落命した朝鮮人労働者の墓があった。県内にはこうした韓国と関連する場所があり、《ひときわ心痛めた》のが、《異国で恨《ハン》多き一生を終えた朝鮮女性のお墓》だった。韓国から持参したお菓子をお墓に供え、襟を正して祈りを捧げた。

《この絵本を韓国語で翻訳・出版することが、高知県で務めた日韓交流の成果であり、何よりも意味のあること》

毎日新聞社内のデータベースで検索してみた。最近の記事は出稿と同時に保存されており、取材テーマの流れをたどる大きな参考になる。〇六年一二月の高知面の記事がヒットした。

尹さんが来日し、高知県の橋本大二郎知事（当時）にハングル版の出版を報告したときのものだ。県国際交流員当時から出版を考えていたものの、日韓が領有権を巡って対立する竹島（韓国名・独島《トクド》）問題などで反日感情が高まったため、出版準備を一時見合わせ、〇六年五月に再開して完成させたとある。

経歴からして日本語での取材は可能だろう。問題はすでに帰国していること。県の担当課に現在の連絡先を知らないか聞いてみたが、空振りに終わった。《訳者の言葉》から、それらしい言葉を拾って記事は仕立てられそうだったが、生の言葉がほしい。

今回、ハングル版の絵本を見直してみて、奥付に「社会文化院」（韓国・光州市《クァンジュ》）というハングルの出版社名とメールアドレスがあることに気づいた。今の私なら、これを手がかりに連絡するノウハウはある。当時はそうではなかった。

強力な助っ人

さてどうするか。苦し紛れで思いついたのが、メールをやり取りしていた韓国人の女子大生、尹《ユン》ボラさん（一九八五年生まれ）。ハングルをかじり始め、下手なハングルでも韓国人とコミュニケーションを取れたらと、交流サイトを通じ、日本語が使える数人とメール交換するようになっていた。

ボラさんもその一人。当時、ワーキングホリデーで来日しており、都内にある語学系の出版社でアルバイトをしていた。志望動機を日本語で書く際にお手伝いをして、なぜか「先生」と呼ばれるようになっていた。韓国人は教師でなくても目上の人を「先生」と呼ぶ。ボラさんは日本語能力試験の最難関の一級（現・N1）もパスしている。韓国人が苦手にしがちな、ざ行や「つ」も正確に発音でき、日本語の文章もお手の物だ。お手伝いと言っても微調整する程度だった。

野口さんを取材した日、《お願いがあります!!》というタイトルでメールを送ってみた。

《絵本のハングル版を出した理由、ハングル版の韓国での利用方法や反響、日韓関係の今後——などについて聞けたらなと考えています。

ここからが勝手なお願いです。

絵本出版時の大学に現在も務めているかどうかわかりません。

大学のHPや電話などで勤務先が分かれば、

大学あてにメールを出したいと思います。

윤동욱さんのアドレスを調べる手伝いをしていただけませんか。

面倒なお願いなので、無理ですという返事でも構いません》

正直、ダメ元での依頼だった。日本以上のIT先進国に一縷《いちる》の望みをかけた。

ところが、翌日すぐさま返信があった。

《ユン先生の連絡先です》

メールアドレスと「010」から始まる携帯電話番号が記されている。ネットを駆使して、情報を手繰り寄せた情報収集能力に脱帽した。私に恩義を感じていたようで、日本語でこう書かれていた。

《韓国語ができてよかった！》

ボラさんは今、韓国の出版社に勤めている。韓国語や韓国の事情で困ったときの知恵袋でもある。

教えられた尹さんのアドレスにメールを送っても返信がない。ボラさんを通じ、尹さんの知人に確認すると、電話の方が都合がいいという。今ならSNSで簡単に海外にも連絡できるが、当時はそうではなかった。自慢じゃないが、この十数年、高知のデスク時代を除き、出稿されてきた原稿を新聞社内で待ち構える編集記者だった。海外取材なぞしたことがなく、国際電話の掛け方も知らない。一難去ってまた一難。いろいろと調べて、KDDのプランなら低コストで利用できることがわかり、すぐに契約手続きをした。

五月末。韓国の国番号「82」などを先にプッシュしてから、尹さんの携帯電話番号を押していく。

「ヨボセヨ」が呼び出しの韓国語だが、「もしもし」で始めた。満足に話せもしないのに勘違いされても困る。尹さんは私と同い年。独特の抑揚は感じたものの、日本語は普通に通じた。

当時の取材ノートを見ると、二ページにわたってメモが残る。《訳者の言葉》と重なる部分が多かったが、韓国の子どもたちの反応がわかったのが最大の収穫だ。植野さんの想いは海を越え、少女の故郷の地の若い心にも届いていた。

海外への電話取材で緊張していたのだろう。受話器を置くと、耳を当てる受話口が汗でじわっと濡れていた。

(1) コラムの全文は高知時代の「支局長からの手紙」を収めた拙著『心に咲いた花―土佐からの手紙』を参照

4 (사) 読者に発信

出稿後三カ月載らず

記事はほぼ完成させており、尹さんの電話取材部分を上書きして仕上げていく。二段構えの記事を想定していた。絵本がハングル、英語版にも訳され、友好の花を咲かせようとしているという本記。もう一つは、絵本の発行背景や私自身の想いなど、サイドストーリーを書き込む高知面の「支局長からの手紙」。本記が出てから「手紙」掲載となる。本記は、全国版の社会面を狙っていた。

記事は、書けば掲載されるものではない。特に全国版の場合、海外を含む各本支社や各総支局などから出稿される数多くの記事の中から絞り込まれる。特ダネや興味深い話など、ニュース価値の高いものが選ばれる。

支局の場合、まず支局デスクの判断を仰ぎ、これならというものが本社デスク（毎日新聞大阪本社では「地方部デスク」）に出稿される。本社デスクが「行ける」と判断しても、記事の扱いや見出しを考える編集デスクがNOといえば、載せてもらえない。当番デスクの好みや当日の事件事故などの発生件数にも左右される。

私は高知赴任までの五年半、大阪本社で編集（正確には「編集制作センター」）デスクを務めていた。どの原稿を載せ、どんな扱いにするかを決め、見出しとレイアウトを考える。突発の事件や事故が起これば、掲載メニューを急きょ変更する。そんな編集作業を朝夕刊で繰り返す日々だった。

ニュースには、大きく分けて、日付ものと話題ものがある。扱いの大小とは関係ない。日付ものは、会社や個人などが記者会見する発表もの、容疑者の逮捕や裁判の判決、選挙結果など生ニュースをいい、通常、直近の当日夕刊や翌日朝刊に載せられる。一方、話題ものは、掲載時期に特段こだわらなくてもいい記事で、日付ものが多い日は載らない。

むくげの記事は、話題ものになる。絵本発行から時間が経過しており、増刷されたタイミングでもない。私が面白いと思って取り上げたにすぎなかった。もちろん、話題ものだからと言って、意義がないわけでは決してない。

記事は六月初めに完成させ、本記はすぐ出稿した。写真は、お墓に手を合わせる植野さんと、日本語、ハングル、英語版の三冊を扇状に開いた絵本表紙——の二枚。本社デスクはクリアし、あとは掲載を待つだけ、のはずだった。

待たされた。古巣の編集デスク陣の反応が鈍い。所属長クラスの原稿は、冷遇されることは結構あるのだが、それにしても。

困るのは取材先への対応だ。取材して音沙汰《おとさた》がないというのは、記者の面目丸つぶれになる。最悪の場合、地域面掲載に落とされることもある。七月になり、八月を迎え、お盆も終わり、児童生徒の夏休みも終わろうとしていた。

帰省中の連絡

「きょうの夕刊で掲載するようです」

待ちに待った連絡が、支局デスクから携帯電話に入った。地方部デスクの一人が記事を面白がってくれ、遅まきながら編集側にプッシュしてくれたようだ。その日は休日で、異動以来初めて京都の自宅に帰省していた。

新聞記者に完全なる休みはない。大事件など有事の場合は、三六五日二四時間、平気で呼び出される。働き方改革という言葉が新聞社内でさえ唱えられる今でも、その精神は変わらないと信じている。

記事を出し終わったら、新聞が届くのを待つだけと勘違いしておられるかもしれない。

支局発の原稿は、支局と本社の両デスクの二段階で手が入る。経験の浅い記者などの場合、原稿が換骨奪胎されて、署名は残っても元の形がないことさえある。記事の修正・加筆後は、必ず原稿モニターが筆者に送られ、チェックを求められる。

いつ載るかはわからない。掲載予定の原稿があれば、旅行先にも取材資料一式を持ち歩く。問い合わせに備えるためだ。ＯＫを出していても、当日、番に入った別のデスクが手を入れることもあり、掲載日にモニターが改めてファクスされ、最終確認をする。記事の一字一字を鉛筆でなぞりながらチェックし、直しがあれば書き込み、ない場合も《ＯＫ》と書いて、本社に送り返す。紙面が組み上がると、今度は見出し付きのゲラが送られてくる。記事の全文が収容しきれず、編集者が一部を削ることもある。見出しが適切か、本文におかしな削りがないか、念入りにチェックする。本社では別途、校閲記者が目を光らせている。記事の修正や組み替えがあれば、修正ゲラがまた送られてくる。問題がなければ、《ＯＫ》と余白に書き込んで送り返す。この行ったり来たりを何度も何度も繰り返して、読者に届けられる掲載紙面が完成する。新聞掲載までにどれほどのエネルギーや時間が注がれているか、少しは伝わるだろうか。

ここまでしても、間違えることがあるから怖い。

地方部から問い合わせがあった。

「版元の電話番号が、ホームページのものと違っている。これでいいのか」
番号を間違えれば、影響が大きい。電話番号の確認には、簡単な方法がある。その番号に掛けてみればいいのだ。

八月二六日付の大阪本社夕刊の対社面トップに七五行の記事が掲載された。一行一〇字だから、原稿用紙二枚にも満たない分量の記事のために走り回ったわけだ。三カ月近く待たされはしたが、高知のローカルニュースが夕刊地域の近畿に載るにしてはいい扱いだ。高知着任後、初めての社会面掲載となった。

「対社」というのは、終面のテレビ面をめくった右側のページのこと。左側を社会面と呼ぶ。両方を合わせて、「社会面」「軟派[1]」とも呼ぶ。格は左側の社会面が上とされ、編集デスク時代、社会部の記事を対社面で扱おうとしたら、怒って出稿を後日に回す社会部デスクもいた。社会面のトップ記事は右上、対社面は左上と、真ん中に近い方が格上となる。

次の見出しが並んだ。

《朝鮮出兵　高知連行少女の悲話
国際友好の花へ
絵本「むくげの花の少女」
ハングル、英語訳本に》

記事の書き出しは以下の通り。

《豊臣秀吉の朝鮮出兵で土佐の国に連行された少女の悲話を基にした絵本「むくげの花の少女」が、ハングル、英語でも翻訳され、友好の花を咲かせようとしている》

苦労した韓国への電話取材で文字として残ったのは、以下の三箇所、二二〇字余のみだった。

《内容に感動し06年にハングル版を自費出版した韓国人男性は、「韓国全域に絵本を広げたい」と意気込んでいる》

《97年当時、県国際交流員で来日中だったユン・ドンウクさん（46）は絵本に共感。ハングル訳し、06年12月に2000部を出版した。地元の全羅南道の小学校長らに半数ほどを配ったという》

《現在、韓国・光州の東岡大講師を務めるユンさんは「こちらの小学生は、お墓をずっと守った人がいた話を聞くと『日本にもいい人がいる』と驚く。互いに偏見をなくせば友達になれるはず」と話す》

毎日新聞大阪本社の夕刊は、大阪府のほか、兵庫県と京都府の南部など、近畿の中心部で発行されている。朝夕刊を発行するセット地域と、高知県など、朝刊のみの統合地区がある。夕刊掲載だけでとどまると、記事の舞台である高知県内に記事が載らなくなるため、統合地区に配られる翌二七日付の朝刊新社面でもトップで掲載された。「新社」というのは、社会面を前に一つめくったページだ。

本記の掲載を待って、「支局長からの手紙―望郷の花が咲く」を出稿した。取材から五カ月目となる九月一日付となった。

予想以上の反響

苦労して掲載にこぎつけたかいあってか、絵本の発行元の飛鳥（高知市本宮町）には注文が相次いだ。大阪や京都、兵庫、岡山など西日本一円からで、中学教諭やハングル教室の関係者もいた。手前みそだが、高知の地域ネタが全国区になったのだ。

九月初め、編集者の河野《かわの》美智子さんから弾む声で連絡をもらった。

「三〇〇部増刷することになりました」

自分の記事が事態を動かすことに少しでもつながるのは、記者冥利に尽きる。本社で長い間寝かされていた記事が、多くの人の共感を呼んだことも痛快だった。飛鳥にすぐ車を走らせた。

河野さんに聞くと、ハングル、英語版も含め、一〇〇冊近い注文があり、二〇〇〇部発行していた日本語版は絶版状態になったという。注文はやまず、「断るのが心苦しい」と上司に訴え、増刷のゴーサインをもらった。

「全部売れてもトントン。儲けにはなりません」

高知面に続報を掲載した。

《朝鮮出兵の悲話　共感の輪さらに》の見出しで、翌一〇月一〇日にも増刷されるという内容だ。

《10年以上たっても必要とされるなら今後もまだ役割があるはず》

増刷理由を紹介し、植野さんと飛鳥常務のコメントを記事の最後に付けた。

《植野さんは「自分ではよう出さんかった。うれしい」と増刷を喜んでいる。飛鳥常務の永野雅子さん（65）は「この絵本はうちの財産。日韓友好のちっちゃなきっかけになれば」と話した》

絵本の日本語版は読者を広げ、現在、三刷を数えている。

ここで大きなミスをした。

鈍感な私は、日韓友好の輪を広げていくという発想が湧かず、むくげの少女を「終了」と書かれた、頭の中のファイルにしまい込んでしまったのだ。

（1）　社会、スポーツ面の柔らかい面を「軟派」、政治や経済などの硬い面を「硬派」と呼ぶ

第二章　隣国への眼差し

5（오）絵本の原点

アリラン口ずさむ父

記事が掲載された後、植野雅枝さんから薄紫の冊子をいただいた。

『想いでの記』。筆者は父の井上清さん。晩年の八〇歳代に書き残したり、母きみさんが聞き書きしたりしたセピア色の原稿を、没後一〇年ほどして長女の植野さんが冊子の形にした。涙をこぼしながら読んだ、まさに遺稿だ。Ａ５判の九七ページ。奥付を見ると、清さんは京都府綾部市出身。私の生まれた舞鶴市の南に隣接する市で、一気に親近感が湧く。

一九一一（明治四四）年に生まれ、九七（平成九）年に生涯を閉じた。享年八六。明治から大正、昭和、平成まで。生年の一一年といえば、日本が朝鮮を植民地支配した翌年のことだ。二〇歳だった三一年に満州事変が始まり、一五年にわたる戦争で日本が破滅への道を進む姿を目の当たりにした。その間、二回召集され、国内で兵役に三年弱就いた。四三年秋の二回目の召集は甲乙の

「乙」に分類され、四四年春まで和歌山連隊で内地守備要員を務めた。「甲」であれば、ビルマ（現・ミャンマー）に派遣され、おそらく戦死したという。

五八年に植野さんが式を挙げた際の集合写真が手元にある。真っ白のウエディングドレスに身を包んだ新婦の隣に座るのが四七歳の清さん。スーツ姿で、両手を重ねている。目鼻立ちの整った、真面目な人に見受けられた。

植野さんの挙式写真。新婦の右隣が父井上清さん、後列が仲人を務めた山原健二郎さん夫婦＝1958年10月25日、植野さん提供

酒に酔えば、朝鮮の歌『アリラン』を口ずさんだ清さん。朝鮮とどう関わり、愛娘にどんな影響を与えたのだろう。

冒頭を読んだだけで、長らく本棚の片隅で眠らせたままだった『想いでの記』を引っ張り出す。戦中、二〇〇人もの朝鮮人労働者を日本に引率した経験がことこまかに記されており、夢中で読み進めることになった。

次男の清さんは二六（大正一五）年春、「東京で学びたい」と都内の中学校に転校し、知人宅に書生として住まわせてもらい、後に明治大学で学んだという。

以下は『想いでの記』を元に紹介する。

都内で雑誌「経済情報」の記者となり、二五歳となる三六（昭和一一）年、二・二六事件が発生した。天皇を中心に国難打開を目指す陸軍皇道派の青年将校たちがクーデターを試み、高橋是清蔵相、斎藤実《まこと》内大臣（元首相で元朝鮮総督）らを殺害した。東京・永田町一体を占拠したものの、陸軍当局にすぐに鎮圧された。岡田啓介内閣が倒れ、軍部の政治的発言が強まることになる。清さんは、渡辺錠太郎教育総監を殺害した安田優《ゆたか》少尉（死刑執行）の兄と友人関係で、少尉の直前の様子などを兄から聞いた。また、禁錮三年の実刑判決を受けた満井佐吉《さきち》中佐とは経済の勉強会を通じての知り合いだった。

《世の無常というか、遁世《とんせい》というか、急に東京の生活に激しい嫌悪を覚え》

事件直後の三月に植民地支配下の遠い朝鮮に単身渡った。

《もう一生再び東京には住まない》

下関で乗船したとき、そう心に決していた。

＊

二五歳の独身青年は未知の仕事に就くため、未知の地を踏んだ。日本の支配下とはいえ、初めての海外だったろう。

赴いた当時の朝鮮は――。

現在の北朝鮮と韓国を合わせた半島全体を差す。面積は本州より若干小さい。人口は戦時中、二千数百万人と日本内地（現在の四七都道府県部分）の三分の一程度だった。有業戸数のうち、農業が約六九％（四〇年）を占めた。就学率は三五年時点で一七・六％（男子二七・二％、女子七・三％）に過ぎなかった。日本語があまり通じないばかりか、朝鮮語でさえ識字率は低く、一三歳以上のハングル理解率は四五年の解放直後の南朝鮮でわずか二二％だった(1)。

日本から多くの官僚や警察、教師、会社員などが移住・赴任し、日本式の政治、治安体制、教育、経済などを推し進めた。清さんが渡海した三六年、朝鮮在住の日本人は六〇万八九八九人と朝鮮全体の三％弱にすぎなかったが、官民社会のどこでも絶対的な存在として君臨していた(2)(3)。

＊

清さんが赴任したのは、中国国境に近い朝鮮北西部の平安北道《ピョンアンプクド》朔州《サクジュ》。三井の金鉱石の採掘場「新延鉱山」で、三〇〇人の朝鮮人鉱夫の監督を務めることになった。朔州には、二五年から兄治男《はるお》さんが警察官として長期滞在しており、二、三年前からは普通学校（小学校に相当）教師の兄嫁と実の母親も兄と同居していた。朝鮮北部には豊かな地下資源があり、戦争を遂行する日本には重要な地域だった。

想像してほしい。二五歳といえば、大学を卒業して三年ほど。まだまだ社会の新参者だ。あなたが二五歳の清さんだとしたら、上から目線となりがちな日本人の立ち位置にあって、現地の人にどう接したただろうか、と。

朝鮮人鉱夫に慕われ

新任監督は大きな顔はしなかった。

火薬の運搬を朝鮮人任せにした前任者と違って、清さんは零下三〇度の酷寒の坑道で、腰を抜かしながらも大量の火薬を自分で運ぼうとした。そんな姿を見た鉱夫は言った。

「内地人《ネーチージン》（日本人のこと）が朝鮮人と同じにするといったらその人は神さんですよ」

清さんは住民の先祖祭りの席にも日本人で唯一人呼ばれ、車座になっての桑酒回し飲みに加わり、杯を重ね、気づいたら自室の床の中だった。

助手を務める朝鮮人の鄭《チョン》（当時は日本読みの「てい」か）君の家を訪ね、祖父が日本側に殺害されたと聞かされ、はっとした。一九一九年の三・一独立運動に参加したという。「朝鮮独立万歳《トンニプマンセー》」と叫ぶ抗日運動は、京城（現・ソウル）から燎原《りょうげん》の火のごとく朝鮮半島全土に広がった。このため、日本側は武力で鎮圧し、多くの血が流れた。《日本の文部省教育》では教えられなかったと清さん。朝鮮側の情報では七五〇九人が犠牲となったとされる。(4)

夏の賞与支給日。日本人は年四回、計八カ月分が支給されるが、朝鮮人は年二回、計一四日分にとどまった。受け取った鄭君が封筒を開けたまま、肩を震わせて泣き出した。

「こんな少しの金をお父さんやお母さんに見せられない」

勤務年数も足りず、わずか一円二九銭だった。

「男が泣くもんじゃない。会社が呉《く》れなければ僕が出してやるから、元気を出して帰るんだ」

清さんはポケットから二円を渡した。

「有難う御座います。有難う御座います」

その日から清さんのオンドル（朝鮮の床暖房）はいつの間にか毎日たきつけてあるようになった。

「あまり半島人（朝鮮人を意味する蔑視語だが、当時の認識を伝えるため原文通り表記）を可愛がらないで下さい」

朝鮮人巡査からそう釘を刺されたほどだ。

日本人の二分の一、三分の一の低賃金。大半の鉱夫の昼食はトウモロコシ一本のみ、峠を越えて二里（八キロ弱）歩いて来る鉱夫もいた。

《皇室の安泰を祈願し、半島人が忠良なる皇国臣民になることを誓う。この日常の生活実態と比べて、なんと繋《つな》がりのない、戯《たわ》けた空言であったことか》

《内地人から見て人が住むとは思えない、忍苦の茅屋、二重、三重の締め付けは、限りなく人道主義を打擲《ちょうちゃく》する、嗚呼《ああ》》

一一カ月後に帰国する際、鄭君はハラハラと涙を流した。

「井上先生が、内地へ帰ったら、僕等誰を頼りに生きてゆくのですか」

一〇年の韓国併合以来、朝鮮人は日本人とされた。

＊

一、私共ハ　大日本帝国ノ　臣民デアリマス
二、私共ハ　心ヲ合セテ　天皇陛下ニ　忠義ヲ尽シマス
三、私共ハ　忍苦鍛練シテ　立派ナ強イ　国民トナリマス
（児童用）

民族も文化も言葉も違う朝鮮人を「日本人」にするため、こうした「皇国臣民の誓詞」（三七年発布）を斉唱させ、皇居の方向にお辞儀させる宮城遥拝や神社への参拝を強要した。朝鮮語の使用を原則禁止し、日本語を話すよう求めた。天皇陛下の赤子《せきし》（子どもの意味から転じて、国民）たれ、と。皇国臣民（皇民）化と呼ぶ。

なぜそこまで。侵略戦争に「自発的」に協力させ、戦地で後ろから味方に弾を打たないような従順な朝鮮人をつくるためだ。

しかしその実態は、日本語をわずかでも話せた朝鮮人は四三年末時点で二二・二％にすぎず、「皇国臣民の誓詞」は多くが日本語を知らないまま丸暗記するだけだった。(5) 家族や友人同士など、公でない場では禁止されていたはずの朝鮮語が話されていた。

「日本人」とされながら、待遇は同じでなかった。朝鮮では大日本国憲法は適用されず、日本に移住しても朝鮮戸籍のままだ。在日コリアンの尹健次《ユンコンチャ》さんは著書『もっと知ろう朝鮮』で《フィクションとしての日本国籍》と喝破する。

三五年間の植民地期について、京都大学大学院人間・環境学研究科の小倉紀蔵《きぞう》教授（東アジア哲学）は「併合植民地」と呼ぶ。日本と朝鮮が合併して「同じ国」にもなったためだ。

《「併合植民地化」は単なる植民地化よりも、ずっと苦しい。（中略）支配者が被支配者に対して、「おまえは他者だ」といって真上から支配するのではなく、「おまえとおれとはほとんど同じだ」といって支配し、収奪する。（中略）被支配者の自己同一性は、著しく混乱する》

《朝鮮半島と日本のあいだで歴史的な問題がうまく解決されえない根本的な理由のひとつが、ここにある。つまり、朝鮮は「日本と同じだ」という経験（併合）をしつつ、実際には「日本とは違う」という経験（植民地）もした。このことの整理がいまだにできていないのだし、日本側は自己がふるったこの暴力の複雑性を忘却してしまっているのである》

（二〇一七年八月三一日付の京都新聞夕刊「現代のことば」）

動員された67万人

清さんは帰国後、大阪府堺市に引っ越しし、知人の紹介で一九三七年春に中山製鋼所（現・大阪市大正区）に入社した。その頃、渡朝前から東京で交際していた京都市出身のきみさんと結婚した。その年の夏に日中戦争が始まり、年末に長女の植野さんが生まれる。三九年夏に初めての「赤紙」が届き、陸軍歩兵として二年ほど、大阪で従軍した。召集前は「製鋼ニュース」編集係だったが、除隊後は人事係を務めた。戦線の拡大で働き手の若い男性が次々と召集され、労働者不足が会社経営の最大の課題となった。製鉄、製鋼会社でつくる鉄鋼統制会は「半島労務者移入」を政府と朝鮮総督府（朝鮮の統治機関）に提案した。

＊

「半島労務者」は、徴用工と呼ばれる朝鮮からの動員労働者だ。一から説明しておきたい。若い日本人男性が戦争に取られ、国内で深刻な労働者不足が起こったことが発端だ。植民地支配をする前から、入国が認められていた朝鮮人は九州の炭鉱や鉄道工事現場などで重宝されていた。[6] それを国策として、労働者を動員・配置することにしたのだ。

①募集＝一九三九～四一年
②官斡旋《あっせん》＝四二年～（四四年以降も③の徴用と並行して実施）[7]
③徴用＝四四～四五年（いわゆる強制連行）

徐々に強制力を強めた形で動員を進めた。労働環境が劣悪で日本人が敬遠する炭鉱を中心に、軍需・土木工場などで働かせた。

全部が全部、強制連行と考えるのは間違いだ。三九年度は未曾有の旱害《かんがい》に見舞われるなどして、多数の朝鮮人が積極的に募集に応じた。(8) しかしながら、③の時期だけが強制連行とも言い切れない。初期の「募集」段階から「日本人と朝鮮人の手先四人が土足で部屋に上がり込み、そのまま連行された」などという暴力的な要員確保の証言がある。(9) 割当要員がなかなか集まらず、現地の末端の行政担当者は相当の無理をして動員せざるを得なかった。

職場の移動を禁止され、就労期間延長が強いられるなどの事情を考慮して、東京大学大学院総合文化研究科の外村大《とのむらまさる》教授はこう指摘する。

《一九三九〜一九四五年度の労務動員計画・国民動員計画によって日本内地の事業場に配置された朝鮮人のすべてが、何らかの意味での強制力をもつ日本国家の政策的関与のもとで動員されたと言うべきである》

（『朝鮮人強制連行』二一四ページ）

賃金の未払いや、日本人の半分以下だったと訴える元徴用工がおり、厳しい監視や暴行、労災死も報告されている。

希少な労働力である朝鮮人の不満を募らせたら、戦争遂行に必要な炭鉱などの作業効率が落ちることは、大日本帝国にもわかっていた。わかっていながら、適切な労務動員政策をやれる態勢も能力もインフラも、帝国は持ち合わせていなかった。

日本国内への朝鮮人動員割当数は九一万人で、実際に動員されたのが六七万人とされる[10]。赤ちゃんも含めた全高知県民に近い数の朝鮮人が、異国の労働現場で汗を流したことになる。高知県なら、津賀ダム（四万十町）▽渡川（四万十川）改修工事、江川崎線鉄道工事（四万十市）、私が住む京都府なら舞鶴港湾（舞鶴市）▽丹波マンガン鉱山（京都市右京区）など全国各地に朝鮮人労働者の辛苦の跡が残る[11]。

日韓両国は、戦後二〇年となる六五年に国交を正常化した。日本が韓国に無償三億ドル、有償二億ドルを供与することで、日本に対する請求権については《完全かつ最終的に解決された》とする日韓請求権協定を結んだ。これにより元徴用工らに対する補償問題は決着済みとされた。元徴用工が日本の裁判所に訴えても、解決金などでの和解が何件かあるだけで敗訴が繰り返された。

韓国政府も同じ認識に立ち、救済する道義的責任は自国にあると考えた。まずは一九七〇年代に死亡者に各三〇万ウォンを補償した。二〇一〇年には「対日抗争期強制動員被害調査及び国外強制動員犠牲者など支援に関する特別法」を作り、①と②を含め、全ての動員を徴用として、死亡・行方不明者の場合、一人二〇〇〇万ウォン（施行日のレートでは約一五〇万円）の慰労金を支給した[12]。

事態はこれで解決しなかった。元徴用工が同様の訴えを韓国の裁判所に起こしたところ、一八年に韓国大法院（最高裁）が日本企業に賠償を命じる判決を出したのだ。違法な植民地統治によって生じた個人の慰謝料の請求権は、請求権協定の対象外と判断した。韓国政府は判決を尊重する姿勢に転じ、「請求権協定に反し、国際法違反」と主張する日本政府と真っ向から対立することになった。今も解決していない。過去最悪と言われる関係悪化の最大の要因となっている。
日韓請求権協定は国内法より上位に当たる条約に相当し、国内の裁判所の判断では揺らがないとされ、日本政府の主張に一理がある。とはいえ、国際法の研究者、大沼保昭さん（二〇一八年死去）によると、人権意識が高まる近年、欧州人権裁判所や中南米の米州人権裁判所などでは、過去の条約で決まったことでも、きわめて深刻な人権侵害があった場合には、被害者救済をすべきだという判例が出てきている。⑬
法的解釈は別にして、労働者動員の人権侵害に対する責任について、日本政府が見解を明らかにしたことはまだない。⑭

侮蔑の視線

清さんは、図らずも動員する側となった。②の官斡旋の時期だ。

太平洋戦争中の一九四二年夏、神奈川・箱根の寺で一週間開かれた「半島労務者労務管理講習会」（鉄鋼統制会主催）に、同僚一人とともに参加した。全国から約五〇人が出席し、講師を務めた厚生省（当時）と朝鮮総督府の局長クラスは朝鮮人についてこう結論づけた。

「義理と人情を知らない。事大主義、粗暴、虚言等の性格からして、之を管理するためにはどうしてもきびしい監督を加えなければいけない。温情主義は絶対にまかりならぬ」

清さんは植民地支配を念頭に反論する。
《独立と希望を奪い去った日本人が彼等に義理や人情を求める事が如何《いか》に破廉恥《はれんち》なことであるか》
管理の基本は「人格無視、抑圧一本に徹すべし」と教えられたが、清さんは《当局の無知と無能の程度を知り得た》ことがわずかの収穫だったと強烈に皮肉っている。

＊

自宅の本棚に『近代民衆の記録10　在日朝鮮人』がある。新聞社時代に東京出張した際、神保町の古本屋街で、いつか役に立つかもしれないと購入したものだ。

清さんが参加した講習会前年の四一年に住友鴻之舞《こうのまい》鉱業所（北海道紋別市、七三年に閉山）が作成した「半島労務員統理綱要」の一部が収録されている。同鉱業所は朝鮮人労働者を三九年から受け入れ、四二年時点では一六四六人と労働者の四割弱を占めるまでになっていた。綱要には、募集から採用基準、輸送方法、教育訓練、保安警備など朝鮮人労働者受け入れ全般のマニュアルが詳細にまとめられている。

第一章の《半島人ノ習性》から短所とされる項目を列挙する。

《独立性ノ欠除《ママ》▽形式主義ナ民族▽党派心▽誠実ノ不足、猜疑《さいぎ》心▽忘恩▽定着性ノ欠除《ママ》▽金銭ニ貪欲テ且《か》ツ怠惰▽貯蓄心ノ欠除《ママ》▽衛生観念ノ欠除《ママ》》

それぞれの項目に細かい説明がある。《独立性ノ欠除《ママ》》から、一つだけ紹介すると――。
《被征服民族テアルコトハ彼等ヲシテ陰性且ツ怠惰ナラシメ又依頼心ト増長心ト云《い》フ風ナ余リ芳シカラヌ民族性（略）》
長所は《寛容鷹揚《おうよう》》《温順》《楽天的》のわずか三項目。
どんな眼差しで見ていたか、当時の空気がよくわかる。こうした権力や経営者側の態度は、一般国民の意識に伝染したに違いない。

労働者「供出」を要請

戦中、朝鮮人は治安上、日本社会の不穏要因として特に警戒されていた。東京や神奈川など首都圏で朝鮮人労働者を受け入れた後も、在日朝鮮人の三割が集住する大阪府では許可されなかった。しかし、労働者不足で生産が減少し、大阪府も受け入れ許可に踏み切った。

中山製鋼所は二〇〇人の動員を計画した。清さんは社長室に呼ばれ、朝鮮総督府と交渉するため朝鮮出張を命じられた。他社は秘書同伴の重役が派遣されており、いったんは断るものの、「お前しかいない」と懇願された。朝鮮の鉱山で勤務し、簡単な朝鮮語なら理解する経験が買われたのだろう。京城（現・ソウル）へ出発することになった。一九四二年夏、三二歳のことだ。

釜山から京城へ。総督府を訪ねた。かつての王宮の景福宮の入り口を塞ぐように建てられ、周囲を威圧してそびえる白亜の殿堂だ。労働者の「供出」（モノ扱いのような用語だ）地区を協議した。接待も必要とされ、韓国統監府の初代統監だった伊藤博文（韓国併合前年の〇九年に安重根《アンジュングン》により暗殺）がお気に入りだった京城一の料亭「千代本楼」を指定された。財布が心配になり、本社専務に電話すると、電信為替で一〇〇〇円が朝鮮銀行に送金されてきた。当時なら家一軒が建つ大金だ。総督府の職員三人との会食は、芸妓《げいぎ》が酌をし、数人の若い子が踊りを披露する豪勢な宴となった。日本国内では空襲におびえ、灯火管制している最中のことだ。

《京城の不夜城の歓楽街のなんと別世界であったことか》

供出地区は南西部の全羅北道《チョルラプクド》と決まった。汽車で道都の全州《チョンジュ》に入り、道庁で打ち合わせをし、全州、群山《グンサン》の二市のほか、山間部の三郡から動員されることが決まった。本社から七人の援軍が到着し、それぞれ担当地区に向かった。現地の道知事、郡長は朝鮮人だったが、実権はそれぞれ内務部長、内務課長の日本人が握り、警察署長も日本人だった。

清さんは連絡役として道庁に残り、各地の募集要項を見て回った。

募集の条件

一、年齢十八～二十

二、普通学校卒業

三、内地（日本・筆者注）語不自由ない者、等。

選考は、郡役所の社会課担当

普通学校は日本の小学校にあたる。授業料が必要で、適齢者の多くが通っていなかった。朝鮮では義務教育を予定しながら、施行する前に敗戦を迎えた。(15)

二〇〇人を大阪へ引率

《現地役所によって差し出された人達を、そのまま受け取るだけ》

どこの誰を送り出すかについて、会社側には何の知識もなかった。「官斡旋」は文字通り、お役所任せだった。

一カ月後の引き取りの日。動員される二〇〇人の朝鮮人を地区ごとに隊に編成し、会社で用意した作業服、戦闘帽を渡した。全州駅を汽車で出発し、釜山で船に乗り換えた。関釜《かんぷ》連絡船だろう。山口県下関市に向かう船中では、船酔いが続出した。下関で汽車に乗ると、緑豊かな山容を見た隊員から「山が違う」の声が口々に漏れた。

大阪駅に到着後、四列縦隊で目抜き通りの御堂筋《みどうすじ》を行進し、宿舎の大阪自彊館《じきょう》（大阪市西成区）に着いた。部屋割りが終わると、清さんら会社の面々も合流して全員で入浴した。朝昼晩の食事は講堂で全員一緒に食べ、清さんが会社や日本、大阪のことを説明した。一カ月ほどの間、体操や団体訓練をした後、身体条件を元に配置を決めた。最初は集団で徒歩通勤し、慣れてからは各自が電車通勤した。

平穏な日々は、最初の給料日の翌日に破られた。

宿舎に行くと、十数人の警察官が取り囲んでおり、朝鮮人労働者たちが出勤せずに全員講堂に座っている。応接室に専務や大阪府の特高課長らが沈痛な表情で集まっていた。特高警察は、無政府主義や共産主義者らを取り締まる秘密警察で、在日朝鮮人を監視対象とする内鮮（蔑視語）係があった。

「朝鮮で説明された賃金と違う」

労働者たちが騒いでいた。

「先生が十分に調べてみる。もし会社が間違っておれば訂正さす。訂正しなければ、すぐにでも、お前達を連れて朝鮮へ帰す。今日はこれで皆会社へ行きなさい」

清さんがとりなすと、二、三人がおいおいと泣き出した。誰かが立ち上がって「会社へ行こう」。騒ぎは収まった。

後日、無断で消えてしまう者が出始めた。警察は「逃亡者」と呼んだ。出入りを守衛が厳格に監督する製鋼会社もあったが、中山製鋼所は全国でも珍しい自由通勤だった。論外のこととされ、「何を考えているのか」と警察はあきれた。

好条件の働き口を求め、「逃亡者」は三人、五人と増えていく。

しかし、清さんには信念があった。食糧事情が悪化する中、中山製鋼所の宿舎ほど豊富な食事はなく、必ず帰ってくる、と。案の定、一人、二人と帰ってきた。その度に警察へ行って、×点を取り消してもらう。最終的に中山製鋼所は定着率最高の職場となったという。

冬になり、労働者の代表が訴えてきた。

「内地人は皆オーバーを着ている。僕ら作業服で寒い」

清さんはオーバー代を会社から借金して、一〇人ぐらいずつ連れて日本橋筋の中古服店へ買いに行った。

工場を視察すると、鋳塊（インゴット）工場のクレーンの上から手を振る者がいて、手を振り返すとにっこりと笑った。

《親も兄弟も、頼る人は一人もいないこの地では、私に対する気持ちは格別なものがあったと思う》

労務管理上、労災事故の防止には気を配った。厚板工場で鹿児島出身の作業員が横腹を切り、即死したことがあったが、幸い朝鮮人労働者に犠牲者はなかった。

中山製鋼所はその後、清さんの応召中の一九四三～四四年に二回目の朝鮮人動員をし、黄海道《ファンヘド》から四〇〇人を受け入れた。

＊

四三年末までの国内の朝鮮人動員労働者三六万六〇〇〇人のうち、一一万九〇〇〇人が逃走した。逃走率は三二・五％に上る(16)。

■在日朝鮮人数の推移

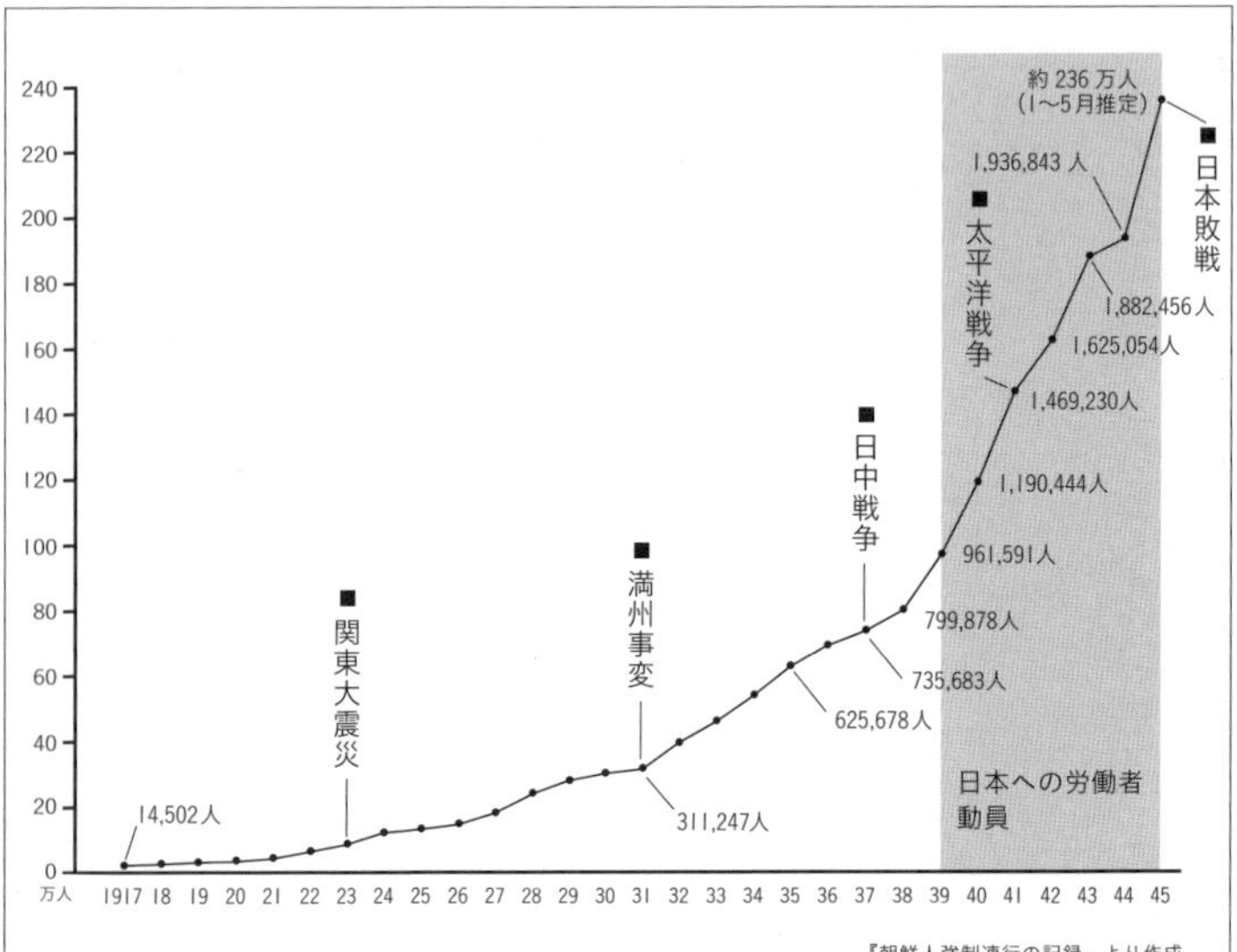

『朝鮮人強制連行の記録』より作成

温情主義は厳禁とされた当時、清さんのような人は少数派だったはずだ。自ら記したものではあるが、心が通い合った人間同士の付き合いをしていたことは間違いないだろう。

小学校低学年の植野さんが、弁当を持参できない朝鮮人の同級生を男の子らとともにはやし立て、清さんに庭の木に一日中縛られたのは、労働者引率のすぐ後のことだ。

当時の朝鮮はほとんどが農民だった。韓国併合後、朝鮮総督府が進める土地調査事業や産米増殖計画によって、土地をなくしたり、多くの資金が必要になったりした。都市に出ても働き口が限られたため、仕事を求めて海を渡り、異郷で暮らし始めた。併合前年の〇九年にはわずか七九〇人だった在日朝鮮人は、三〇年には約三〇万人、四〇年には約一二〇万人、敗戦時には約二三六万人（推定、二〇〇万～二一〇万人との推計も）と膨れ上がる。二三六万人と言えば、愛媛を除く四国三県の人口に匹敵する相当な数だ。

渡航は自由にはできず、三〇年代半ば以降、渡航証明書の発給が抑えられたが、家族の一人がすでに日本で居住している場合には比較的認められた。このため、日本で働く夫のもとに妻や子どもらが多く呼び寄せられた。(17) 同級生の男の子はそういった家庭の子だったのだろう。

日本へ来ざるを得なかった朝鮮人の境遇や心情、差別感情の根強い中での生活を清さんは嫌というほど知っていたからこそ、愛娘の無神経な言葉を見過ごすことができなかった。こうした父の強い姿勢が、植野さんの今を形作ったのだ。

清さんは戦争末期の四五年に土佐工場に転勤になり、一家は六月末に高知市に移り住んだ。直後の七月四日に高知大空襲で被災し、清さんだけが高知に残り、妻きみさんと植野さんら二男二女は清さんの姉がいた京都府舞鶴市に疎開した。

敗戦の半年後に清さんは中山製鋼所を退社し、戦後は現在の高知県香美《かみ》市物部町大栃や高知市で計理士の仕事をし、会計に関する検査や鑑定、計算などに従事した。

植野さんの妹の仲嶺苑子さん（四一年生まれ）が大栃時代の秘話を明かしてくれた。六四年秋、高知県安芸市がプロ野球・阪神タイガースのキャンプ地を誘致する際、選手の宿舎となる老舗旅館「東陽館」（既に閉館）が受け入れに難色を示し、市をヤキモキさせた。東陽館の先代の女将《おかみ》を説得したのが、野球には何ら関心のなかった清さん。市の関係者が真夜中、タクシーを飛ばして山奥の家まで迎えに来た。東陽館の経理を担当する井上さんに頼むしかない、と。

「井上さんが言うなら」

不落の女将が承諾した。

苑子さんは笑いながら付け加えた。

「当人のほろ酔い話ですよ」

往年の名投手で監督も務めた村山実さん（故人）らが利用した東陽館は「タイガース旅館」と親しまれ、一軍は八一年まで、二軍は八八年まで使用された。(19)

代筆の原稿用紙

二〇二〇年は、年初めから新型コロナウイルスが全世界を脅かした。国内でも春から感染が広がり、直接取材が難しくなった。清さんのことをさらに尋ねようと、質問を列挙した手紙を植野さんに送った。

実は植野さんは脳梗塞《こうそく》を患ったばかりで、その後遺症で思うように字が書けないことを失念していた。週に何回か来る「シルバーさん」に口述筆記してもらった原稿用紙が二〇枚ほど届いた。

一九四五年六月末。大阪府堺市から高知市に引っ越す際の見送りの場面が記されている。

金岡（現・堺市）駅には、植野さん家族を見送るため、同級生が集まった。あの朝鮮人の男の子も来てくれた。クラスのボスだった勝ちゃんは憎まれ口をたたいた。

「土佐のオオカミに食われてこい」

それでいて、一〇匹のイナゴの入った小さな瓶を黙って手渡してくれた。イナゴは食料不足の当時、貴重な栄養源だった。

書斎の荷造りをしたときのことだ。

「荷物になるから、本は一冊ずつ持っていけ」

清さんが兄妹に指示をした。兄が選んだのは『母をたずねて三千里』。植野さんは『アンクルトムの木小屋』。兄がもう一冊をこっそり隠したのに気づいた。『ああ無情』。自分にくれるためだろう。見て見ぬ振りをした。

駅に電車が入る。隅で朝鮮人の男の子がこちらをじっと見ている。植野さんは思わず駆け寄り、『アンクルトムの木小屋』を男の子に渡した。

「ごめんね」

すると、兄も走ってきて、持っていた二冊を差し出した。

弁当すら準備できない家だけに、本は限りないぜいたく品だったろう。男の子は目に涙をためていた。

清さんの晩年の《日誌》。元徴用工の強制労働の訴訟の記事もスクラップされていた

《哀しそうな瞳とその凛《りん》とした姿を何度夢に見たことでしょう。あんなに賢くて本好きな少年、作家になっているのでは、それとも大学の教授か映画監督かと想像したり、もう一度会ってあのときのことを謝りたいと。そのことが何十年たっても心のすみから消えることはありませんでした》

晩年の清さんの手書きの《日誌》を見せていただいた。筆ペン書きのような几帳面《きちょうめん》な字で、日々の出来事や読んだ本、新聞記事などの感想をこまめに記している。本はマックス・ウェーバーやロシア革命、朝鮮関連など硬派なものが中心だ。

表紙に《第13冊》とある日誌をパラパラめくると、黄ばんだ切り抜き記事がホッチキスで留められていた。

《韓国・朝鮮人元BC級戦犯の国家補償請求訴訟を支える田口裕史さん（二八歳）》

九一年一一月二二日付の朝日新聞朝刊三面の「ひと」欄。捕虜虐待の「戦争責任を肩代わりさ

せられた」元戦犯の裁判の裏方を務め、定職にも就けそうにないとある。
感想が一行添えられている。
《ヒューマニスト、こんな若者もいる。尊いことだ》
植野さんは『想いでの記』のあとがきに記している。
《常に弱者の立場から物事を考える人でした》
その姿勢は、娘へと受け継がれている。

今も変わらぬ眼差し

本題からやや外れるが、指摘しておきたいことがある。

二〇一六年に異動した毎日新聞大津支局時代で目のあたりにした現状だ。製造業が集まる滋賀県には外国人労働者やその家族が比較的多いことを知り、積極的に取材した。一番多いのはブラジル人で、西日本では最多の九七一七人（一九年末時点の在留外国人統計）が暮らす。よく取材に出かけた湖南市は、外国人の割合が六・二％と、五〇人に三人強が外国籍だ。夜勤を含め、日本人が嫌う3K（きつい、汚い、厳しい）職場を中心に重宝されている。

「外国人は貴重な戦力。いないと製造業としては成り立たないと言ってもいいくらい」

電気製品の部品を作る湖南市の工場で、男性工場長は言った。従業員約三〇〇人のうち、外国籍が過半数の一六〇人を占める。

世界第三位の日本経済を外国人が下から支えている。多くは非正規で働き、雇用の調整弁として扱われる。新型コロナやリーマン・ショックなどの経済危機になると、真っ先に解雇される。限りなく弱い立場にある。しかも、選挙権がないうえに、日本語や日本の習慣、文化にも不慣れで、なおさら声を上げにくい。

日系ブラジル人四世の女子大生（取材時二一歳）が取材の合間にこんな話をした。工場で働く父親が作業中に手に激しい傷を負った。帰宅後も声を出して痛みをこらえ、見かねて受診を勧めても頑強に拒んだという。たとえ労災事故であっても、雇用者側の不利益につながれば解雇されかねないと恐れたようだ。外国人労働者の弱い立場がひしひしと伝わった。本人からじかに取材しようとしたが、匿名でもいいとお願いしても強硬に拒まれた。

これから社会に出る女子大生は悲しそうに漏らした。

「外国人労働現場は、深い闇ですよ」

日本の人口は一五年の国勢調査で初めて減少に転じた。少子高齢化による労働者不足が深刻化する中、政府は一九年春に改正出入国管理法を施行し、外国人労働者の受け入れを拡大する政策に転換した。しかしながら、移民政策は取らないという大前提は崩していない。

人手に困ったときは助けてね、でも用が終わればすぐお引取りを——というのはあまりにも身勝手だ。そのせいで日本語教室や教育現場などへの支援は後手に回り、労働者本人やその家族を苦しめている。それというのも、外国人労働者を人としてではなく、労働力としてしか見ていないからではないか。

五〇年以上前に移民国家スイスの作家はこう書き残している。

「我々は労働力を呼んだ。だが、やってきたのは人間だった」（マックス・フリッシュ）

渡来人歴史館（大津市）の勤務になり、戦中の朝鮮人徴用についての資料や書物を読むと、既視感を覚えることがよくある。

日本人が働きたがらない職場で働かされ、日本人より賃金は安く、職場の移動が禁止され、逃亡防止のために通帳を預けさせられ、外出も制限され……。

今の技能実習生と一緒じゃないか。

八〇年ほど前も今も、この国は変わっていない。

自分には関係がないと思われるかもしれない。しかし、ちょっと考えてほしい。たとえば、二四時間営業のコンビニ弁当。安くて、いつでも買える弁当を誰がつくっているのだろうか。少しでも安いものをありがたる私やあなたは、本当に関係ないのだろうか。

（1）『朝鮮人強制連行』二〇、二一、二三、二四ページ
（2）『朝鮮終戦の記録―米ソ両軍の進駐と日本人の引揚―』二ページ
（3）『植民地朝鮮と日本』一七二ページ
（4）『韓国独立運動の血史』一九二〇年（『植民地朝鮮と日本』収録、四六ページ）

（5）『植民地朝鮮と日本』一八九ページ
（6）『在日朝鮮人　歴史と現在』三〜五ページ
（7）『同』六七ページ
（8）『朝鮮人強制連行』五八ページ
（9）『朝鮮人強制連行調査の記録　中部・東海編』一九九七年（『朝鮮人強制連行』収録、七七ページ）
（10）『在日朝鮮人　歴史と現在』七〇ページ
（11）『戦時朝鮮人強制労働調査資料集』三四、四四ページ
（12）『反日種族主義』一九二、一九四ページ
（13）『「歴史認識」とは何か』六二ページ
（14）『朝鮮人強制連行』二二一ページ
（15）『植民地朝鮮と日本』一九〇ページ
（16）『在日朝鮮人　歴史と現在』七二ページ
（17）『同』五一ページ
（18）二〇一八年一二月六日付のスポーツニッポン電子版（https://www.sponichi.co.jp/baseball/news/2018/12/06/kiji/20181206s00001173059000c.html）
（19）『げんまつＷＥＢタイガース歴史研究室』（http://www.genmatsu.com/data/AKI/yado.html）

6（육）不幸な歴史観

朝鮮侵略の意義付け

渡来人歴史館（大津市）では、中学生や大学生などの団体に説明をする機会がある。在日コリアンがどうして日本で暮らすようになったのか、植民地支配によって朝鮮人がどう扱われたのかなどについて話す。現代史まで授業が進まないのか、教科書の記述が政治的影響を受けているのか、加害の歴史を若い人は驚くほど知らない。

むくげの花の少女が連行された朝鮮侵略は現在、学校でどう教えられているのだろうか。高校の日本史教科書を基にした『もういちど読む山川日本史』を開いてみた。本文では八行の記述だ。

《秀吉はさらに明（中国）の征服をくわだて、まず朝鮮に対して国王の入貢と明への先導をもとめた。しかし朝鮮がこれに応じなかったので、秀吉は2度にわたって出兵をおこない、明の援軍や、朝鮮民衆のはげしい抵抗にあって苦戦を強いられた（文禄・慶長の役）。1598（慶長3）年、秀吉の死によって全軍は撤兵したが、朝鮮出兵とその失敗は、明・朝鮮両国の反日感情をつのらせたほか、国内的にも豊臣政権がくずれる原因の一つになった》

（一四五〜一四七ページ）

《秀吉の対外政策》と題した項目の末尾で紹介され、地の文にある《朝鮮出兵》は小見出しにもなっていない。ただ、侵略の悲惨さや朝鮮民衆の犠牲の大きさを紹介する《従軍日記》が別稿にあり、李舜臣将軍の像と亀甲船の写真とともに一ページ割かれているのが救いだ。

韓国の金大中・元大統領（一九二四〜二〇〇九年）の言葉を紹介したい。東京滞在中の拉致事件、でっちあげの罪での死刑判決、米国への亡命、自宅軟禁など数々の苦難を経て、四度目の挑戦で大統領に当選した不屈の政治家だ。初の南北首脳会談を実現し、二〇〇〇年にノーベル平和賞を受賞した。大統領に就任した一九九八年の一〇月に来日し、国会で訴えかけた。

「韓国と日本の関係は、実に長くかつ深いと言えましょう。われわれ両国は、一五〇〇年以上に及ぶ交流の歴史を持っています。数多くの人々が韓半島（朝鮮半島の韓国での呼び方・筆者注）から日本に渡りました。徳川三〇〇年の鎖国時代にも、日本は韓国と頻繁に往来しました。それに比して、歴史的に日本と韓国の関係が不幸だったのは、約四〇〇年前に日本が韓国を侵略した七年間と、今世紀初めの植民地支配三五年間であります」（抜粋）

「四〇〇年前に侵略した七年間」というのが朝鮮侵略だ。長い歴史の中で、二つある不幸な歴史の一つに挙げられる。

日清、日露戦争以降、対外戦争が相次ぎ、日本は戦争ばかりしている国というイメージがある。しかし、歴史学者の倉本一宏さんは、明治維新以前はそうではなかったという。

《意外なことに、日本（および倭国）は、ほとんど対外戦争を経験していなかった[1]》

朝鮮侵略は日本にとって、六六三年の白村江《はくすきのえ》の戦い以来、ほぼ九三〇年ぶりの対外戦争で、一六世紀では世界的に最大の戦争だった。(2) 白村江といえば、百済《くだら》救援のため朝鮮半島に渡った倭軍が、唐と新羅《しらぎ》連合の水軍の前に完敗した、教科書でもおなじみの戦いだ。五世紀の高句麗戦を加え、古代、中世の日本が行った三つの対外戦争が、いずれも朝鮮半島が戦場だった(3)のは意味深だ。

「そんなに泣いていると、秀吉が来るよ」

植民地期の朝鮮では、泣き止まない子どもに母親がそう話しかけると、秀吉が何者か知らなくとも泣き止んだという。(4) 秀吉の侵略が今も続く日本人に対する朝鮮人の反感を育んだ。(5)

秀吉軍も「三分の二」が犠牲

攻めた秀吉軍も大きな犠牲を払った。

戦国末期に来日したポルトガルのイエズス会宣教師、ルイス・フロイス（一五三二～九七年）は、当時の状況を今に伝える貴重な『日本史』を書き残し、文禄の役についても言及している。

《もっとも信頼できかつ正確と思われる情報によれば、兵士と輸送員を含めて十五万人が朝鮮に渡ったと言われている。そのうちの三分の一に当たる五万人が死亡した。しかも敵によって殺された者はわずかであり、大部分の者は、まったく、労苦、飢餓《きが》、寒気、および疾病によって死亡したのである》

（『戦争の日本史16　文禄・慶長の役』一三六、一三七ページ）

戦闘慣れしていない農民や漁民も徴発された。

慶長の役の島津義弘（九州）の軍役計画によると、動員数一万二四三三人のうち、武士などは五三％足らずで、残りは夫丸《ぶまる》（人夫）三一％、水夫一六％。陸上・海上の運送人夫を務めた農・漁民が実に半数近くを占めていた。(6)

『大方町史』（一九九四年版）に興味深い分析がある。長宗我部元親が土佐で実施した検地から、侵略の人的被害を読み解いている。検地は、農民の年貢や領主の軍役の基準にするため、田畑の所有者や面積のほか、石高《こくだか》（玄米の生産高）を調べたものだ。

長宗我部の検地は侵略以前の九〇（天正一八）年に終了したものの、現在の黒潮町を含む、幡《は》多《た》郡の一部地域などでは九六（慶長元）年から三年かけて再調査された。

天正と慶長の地検帳を見比べると、佐賀村（現・黒潮町）では、佐賀城主の光富次郎兵衛の給地が嗣子《しし》とみられる弥吉郎になるなど、姓がある家（武士の身分とみられる）のうち、三六人の名前が変更になっていた。『編年紀事略』には、次郎兵衛は文禄の役の緒戦で顔を負傷し、元親に帰国を命じられ、徳島で没したとある。こうした給地の大変動は、文禄・慶長の役の戦病死以外に考えられないと町史は結論付ける。

そして漁民。佐賀浦では、下級船員である水主《かこ》が、天正検地の三七人から慶長検地では二〇人とほぼ半減していた。徴発された漁民が犠牲になった可能性が高いという。元親勢が島津義弘と同様の編成だとしたら、三〇〇〇人のうち、人夫と水主は一四〇〇人程度となる。町史は、直接先陣に臨む武士と違って被害は少なかったとみながらも、土地勘のない異国の戦場だけに、後方勤務は武士以上の苦労があっただろうと慮る。さらに、制海権は李舜臣将軍率いる朝鮮側に握られ、海上では苦戦したに違いなく、疫病が流行して多くの船頭が死亡したとの記録もある。

町史は、水主の漁民や人夫の農民の犠牲は歴史の流れの底に沈んでいるとし、こう締めくくる。

《ましてや、戦場と化した朝鮮の庶民の犠牲は、日本よりもはるかに多かった事実を見のがすことはできない》

「帰化」と「神功皇后」

この社会は朝鮮半島をなぜ蔑視するのだろうか。その原点は古代にまでさかのぼることができる。二つのキーワードからみてみよう。

一つは「帰化」。

古代史研究の第一人者、上田正昭さん（一九二七〜二〇一六年）は一九六五年に『帰化人』を出版し、疑問なく使われていた「帰化人」という用語に疑義を呈した。「帰化」すべき統一国家が存在せず、その証になる戸籍がない時代に「帰化人」がいるはずがないとし、「帰化」は中華思想の産物で、中華の国（中国）周辺の亥狄《いてき》の人々が中国皇帝の徳化に「帰属し、欽《よろこ》び化す」ことを意味するという(7)。

指摘を受け、多くの教科書や新聞は「帰化人」の使用を控え、「渡来人」と表記するようになった。『毎日新聞用語集』は「帰化」を「日本国籍を取得」に、「帰化人」を「渡来人」に直すよう記者に求めている。

《国籍法には「帰化」とあるが、この言葉には服従し支配下に入るというニュアンスがある》（二〇一九年版）

上下関係を伴う用語なのだ。

「記紀」と称される『古事記』（七一二年）と『日本書紀』（七二〇年）を対象に、上田さんは「帰化」の使用例を調べた。『古事記』では一切使われていないのに反し、『日本書紀』では好んで使われていることがわかった。《帰化新羅人らをもつて、下毛野に居らしむ》（持統天皇四年八月の条）など、「化帰」の一例を含めて、計一三例に及んだ。うち一〇例が朝鮮半島の高句麗、新羅、百済、加耶《かや》の人々で、中国からの渡来には使われていない。一定のルールのもとに使い分けされており、上田さんは朝鮮諸国を蕃国視した姿勢を指摘する(8)。

文明国の中国にはかなわないが、未開の朝鮮の国々よりは上だ——。そんな日本版中華思想が、『日本書紀』を編集した皇族や学者の中にあったことがうかがえる。

もう一つのキーワードは、「神功《じんぐう》皇后」。

神のお告げで朝鮮を攻め、新羅や百済、高句麗の「三韓征伐」をしたと「記紀」にある。『日本書紀』は、神功皇后が臨月のまま出兵し、神国にはかなわぬと新羅が降伏したと伝える。この勇ましい物語を耳にして、私たち先祖の優越感に満ちた民族意識が少なからず培われたようだ。

神功皇后の伝説は中世社会にも受け継がれ、さらに脚色された。塚本明さん（現・三重大学人文学部教授）は、論説『神功皇后伝説と近世日本の朝鮮観』の中で、鎌倉末期に石清水八幡宮（現・京都府八幡市）の神官が作成したとされる『八幡愚童訓《ぐどうくん》』に注目した。侵略理由について、『日本書紀』は財宝の獲得のためとするが、『愚童訓』は異国から攻撃を受け、夫の仲哀《ちゅうあい》天皇を亡くした復讐のためとした。新羅を滅亡させた後、《新羅国ノ大王ハ日本ノ犬也》と石の上に書き付けたと「上書き」までされている。

朝鮮侵略の際にも強く意識された。秀吉一行は侵略の基地となった肥前名護屋（現・佐賀県）に向かう途中、仲哀天皇と神功皇后を祀る長門国府（現・山口県）の社祠《しゃし》を拝した。伝説は、日本を神国と見る意識、朝鮮への蔑視感と深く関わり、一二七四、八一年の蒙古襲来をはじめ、中世以降に朝鮮と武力的接触をする度に、新たな装いで再生され、独自の役割を果たしたと塚本さんは指摘する。

明治に入り、神功皇后が再び脚光を浴びる。朝鮮を開国させた二年後の一八七八年、起業公債「百円証書」の図柄に採用され、八一～八三年には人物の肖像入り紙幣として初めて一円札、五円札、一〇円札に登場した。

朝鮮は「神功皇后御一征」の地として「国威宣揚」の格好のターゲットとされ、日本の支配層に根を下ろした朝鮮への眼差しは、時代を越えて日本人の心を呪縛し続けた(9)。
一九一〇年夏の韓国併合では、その祝宴で、陸相兼任のまま初代朝鮮総督に就任する寺内正毅《まさたけ》(後に首相)が、杯を傾けながら一首詠んだ。
小早川加藤小西が世にあらば今宵《こよい》の月をいかに見るらむ
三〇〇年前に朝鮮を侵略した武将の小早川秀秋、加藤清正、小西行長の名を折り込み、宴席から高笑いが聞こえてくるかのようだ。

感情逆なでの要因

ある日のこと。渡来人歴史館で団体来場者に説明を終えたら、中年男性が近づいてきて尋ねた。

「どうして韓国の人は、あれほど反日なんでしょうか」

私には荷が重い質問だ。全部を「反日」と言うのも早計だと思いながらも、答えめいたものを探した。

一つ話したのは、傷を与えた方は簡単に忘れても、された方は決して忘れられないということだ。スワヒリ語には「斧《おの》は忘れる。木は忘れない」ということわざがある。さらに、頭に浮かんだ書物の内容も紹介した。

石破茂・自民党元幹事長のブログで知った本だ。

《ここしばらく日韓関係について可能な限りの文献を読んでいるのですが、故・小室直樹博士の「韓国の悲劇」（カッパビジネス・昭和60年）は誠に優れた深い論考です。30年以上も前の、中曽根康弘総理・全斗煥《チョンドファン》大統領時代に書かれたものですが、それだけに本質を見極めておられるように思いました。（中略）
いま書店に平積みしてある「嫌韓本」とは全く厚みを異にする論考です》
（二〇一九年八月九日付の石破茂オフィシャルブログ）

『韓国の悲劇』はすでに絶版で、図書館の検索ではヒットしなかった。灯台下暗し。渡来人歴史館の書庫にあった。
《まえがき》で日韓紛争の本当の原因を三つ挙げている。
（一）在日韓国人、朝鮮人に対する致命的差別がなくなっていないこと。
（二）大日本帝国の三十五年にわたる朝鮮支配の後遺症が、ぬぐい去られていないこと。
（三）過去二千年にわたって、日本は韓国・朝鮮に負うところが大きかったが、日本人はきれいに忘れてしまったこと。

多くの人が見過ごしているのが（三）ではないだろうか。

核心を突く見方だと思う。

古来、主に中国で生まれ育った文字や稲作、儒教、律令制度など多くの文化や技術が朝鮮半島を経由して列島に伝えられた。何から何まで教わったわけではないものの、朝鮮をはじめ、渡来してきた人が先生となり、多くの部分で日本人を指導してきた。それらを吸収し、独自のものとブレンドして、今ある日本文化は発展したと言ってよい。だからといって、中国や朝鮮の文化が上でも、日本文化が上でもない。それぞれの良さがあるに過ぎない。

「教え子」が二〇年余り先に開国し、近代国家の道を歩み始めて立場が逆転し、「先生」が三五年もの間、「教え子」に植民地支配された。これまで長きにわたり一から教えた相手に、文化や言葉、名前まで奪われたとしたら。戦争が終わると、敗戦国の日本ではなく、解放されたはずの朝鮮が南北分断されることにもなった。

その悔しさ、無念さ、憤りは察するに余りある。

（1）『戦争の日本古代史』四、五ページ
（2）『同』二七六、二七九ページ
（3）『同』二七九ページ
（4）『日本人の朝鮮観はいかにして形成されたか』三一七ページ
（5）『現代朝鮮の歴史』一一〇ページ

（6）『天下統一と朝鮮侵略』三八六ページ
（7）『渡来の古代史』一〇、一一ページ
（8）『同』一一、一四～一六、二一ページ
（9）『新・韓国現代史』一三ページ

7　（칠）もう一つの朝鮮赴任

手書きの記録26枚

二〇二〇年初夏。植野雅枝さんから段ボール箱いっぱい分の書類などが届いた。絵本を読んだ人からの感想などに混じって、貴重な記録が入っていた。「井上治男とみちの旅路」と題され、原稿用紙に丁寧な字で手書きしてある。計二六枚。朝鮮での思い出話を親類に書いてもらっているとは聞いていたが、こんなにしっかりしたものが届くとは思ってもみなかった。

送り主は、京都府宇治市の塩崎恭子さん。治男さん、みちさんの長女で、太平洋戦争開戦を間近に控えた一九四一年八月に朝鮮で生まれた。両親は日本統治下の朝鮮に長期赴任し、恭子さんら二男二女を授かった。記録には、朝鮮での生活と引き揚げ体験が綴られていた。

治男さんは、植野さんの父清さんの兄。恭子さんは従姉妹の植野さんから「（大澤の）何かの参考になるのでは」と執筆を依頼され、《無責任にも協力しよう》と思ったという。朝鮮滞在中

は幼少で、《思い出はあまりに曖昧《あいまい》で薄》く、両親と二人の兄の思い出話を元に、下書き、清書、さらに書き直しを繰り返して仕上げた。

私にとっては、いわば託された記録だ。

治男さんは警察官、みちさんは朝鮮人を指導する普通学校（小学校に相当）教師。統治下の朝鮮を監視・取り締まり・教育する当局側の一員だ。

朝鮮人を見下げる風潮が日本国内以上に強かった朝鮮半島で、「上」の立場にいながら、人間同士の付き合いをした若き日本人夫婦がいた。

＊

治男さんは一九〇二（明治三五）年、京都府奥上林《おくかんばやし》村（現・綾部市）に生まれた。福井県境に近い山深い村だ。父が買い付けた山の材木が台風で根こそぎ流され、多額の借財を抱えることになった。治男さんは一大決心をした。

四人の弟妹の将来も考え、朝鮮に単身渡ろう。

一九二五（大正一四）年。二三歳になる年のことだ。海外旅行も一般的でない時代に、人里離れた山村育ちの若者が海を渡る心細さと決意のほどはいかばかりだったろう。

治男さんは国境警備をする警察の職を得て、中国国境沿いに流れる鴨緑江《アムノクカン》にほど近い平安北《ピョンアンプク》道《ド》朔州《サクジュ》に赴任した。朝鮮北西部の山間に位置し、現在の北朝鮮になる。赴任してまもなく父が病気で他界した。この一〇年ほど後に弟の清さんが着任する日系の新延鉱山は朔州の西郊にあり、兄弟が近い場所で一年弱勤務したことになる。鴨緑江中流には、四四年に当時世界屈指の発電能力と言われた水豊《スプン》ダムが完成する。

治男さんは当初、用務員としての採用だったが、七年後には本採用になった。伴侶を探すため、いったん帰郷し、近所の人の紹介で京都府上和知《かみわち》村（現・京丹波町）の小学校教師、みちさんと巡り合った。

みちさんは活発で勝ち気な性格だ。父が校長を務める小学校を卒業するときに成績優秀者に選ばれず、「理由を聞くまで帰らない」と姉の嫁ぎ先に泊まり込み、父に頭を下げさせた。「女は上の学校へ行く必要はない」と父に反対されながら、後の京都師範学校を受験した。合格証書を見せられた父は、寄宿舎入りを承知せざるを得なかった。

朝鮮に渡ったときの心境を恭子さんにこう話していた。

《国境で教師をするのも貴重な経験になる、頑張ってみよう》

三〇歳と二四歳の二人は三三（昭和八）年四月一〇日に式を挙げ、一週間後には新婚旅行を兼ねて朝鮮に赴任する慌ただしさだった。

＊

朝鮮ではその頃、融和姿勢を見せた文化政治期が終わり、戦時体制期に変わろうとしていた。

日本は朝鮮に続き、満州（現・中国東北部）にも進出した。三一年に満州事変を起こし、翌三二年には傀儡《かいらい》国家、満州国を建国した。国際社会から批判を浴びて国際連盟から脱退し、破滅への階段を転げ落ちていく。

異郷の新婚夫婦

当時珍しかった共働きの新婚夫婦は、職務に誠実に取り組んだ。

警察勤務の治男さん。

《正義感が強くまっすぐな気性で努力を惜しまない。職場の中でも元気よく明るく街の人達ともよく交流した》

パソコンも複写機もない時代、きれいな字が求められると、寝る間を惜しんで字の練習をした。眠くなって気が緩むのを防ぐため、抜いた日本刀を机の前に立てる気の入れようだった。おかげで大切な文書を任されるようになった。

みちさんは城東普通学校に勤務し、朝鮮人児童に日本語を使って教えた。児童と言っても、就学機会のなかった大人も混じっていた。

《一クラス百人近い教室をありったけの声で頑張った。オルガンをフル回転してうたい、体育の時間にはお遊戯の振り付けにも余念がなかった》

遠き日本で暮らす、治男さんの母とみさんと四人の弟妹のため、仕送りを絶やさなかった。

結婚一年後の一九三四年四月、善治《よしはる》さんが生まれた。教師を続けるみちさんが育児に専念できないため、とみさんが朝鮮に渡ることになった。その二年七カ月後には次男叡《さとし》さん。新しい家族が増えていく。

治男さんに転勤を伴う昇進話が持ち上がった。

「どうぞ出世のことは考えず、この街の人々の喜びと苦しみの中に身を置いて、ささやかでも安心と勇気を分かち合えるように尽くしてあげてください。それがはるばるこの地に来ることになったあなたの務めだと思います」

植民地で教鞭《きょうべん》をとるみちさんは《土地の温もりと悲しさと口惜しさが数年の間に心にしみて》いた。治男さんは、朔州にとどまり土地の人を守ることを選んだ。

井上治男さん（後列左）一家。後列右が妻みちさん。前列は、左から長男善治さん、母とみさん、次男叡さん＝朝鮮平安北道朔州の写真館で1941年３月、塩崎恭子さん提供（引き揚げ時に写真はすべて没収されたが、それ以前に日本へ送っていたものだけが残る）

　みちさんは月に一回、自宅で「床屋」をし、多くの朝鮮人児童でにぎわった。バリカンは一つのみで、毎日研いでも一〇人を過ぎると、歯が傷んだ。最後に回

表4　朝鮮人1年生の授業時間数（週単位）

1929年（普通学校）		1941年（国民学校）	
国語（日本語）	10	国語・修身	11
朝鮮語	5		
算術	5	算数・理科	5
体操・唱歌	3	武道・音楽	5
修身 （戦後の道徳教育に相当）	1	図画・工作	2
計	24		23

※『教科書に描かれた朝鮮と日本』参照

された叡さんが「痛っ」と言うと、げんこつを食らった。

「朝鮮の子はそんなこと言わない」

保護者のお母さん方から、お礼にと畑の野菜や生きた鶏を一、二羽もらい、庭に鶏舎を建てた。ひなが次々とかえり、多いときには三〇羽にも増えて家族で大喜びした。

四一年八月にこの記録を書いた恭子さんが生まれた。《元気印の情熱の塊》のみちさんは、出産の一週間前まで教壇に立ち、お産も軽く、産後三日目からおしめを洗った。ところが、油断があったのか、一週間後に脳溢血《のういっけつ》で昏睡《こんすい》状態となる。義母とみさんが卵でとじたおかゆやリンゴのすりおろし、重湯など、食べやすいものを用意して口元に運んだ。眠り続けながらもしっかりと飲み込む姿を見て、治男さんは回復を信じた。願いは通じ、一カ月後にみちさんは意識を取り戻す。だが、左手足に障害が生じていた。走れない。ピアノが弾けない。歌の音程が取れない。

今のようなリハビリはない時代だ。それでも、教師不足もあって、復職することができ、敗戦の四五年八月まで教壇に立った。

朝鮮人児童を「忠良なる皇国臣民」にするのが重要な教育方針で、日本（内地）と朝鮮の一体を訴える「内鮮融和」が強調された。

＊

《私タチ　ハ　イツモ　チカク　ノ　アキチ　デ　一ショニ　アソビマス》

一年生用とみられる『普通学校国語読本』（三〇～三五年）には「トモダチ」のページがあり、日本人と朝鮮人の子どもが一緒に遊ぶ挿絵が付けられていた。

普通学校は、三八年の第三次朝鮮教育令で「小学校」、四一年の同令改正では「国民学校」と名称が変わり、朝鮮語の授業がカリキュラムから消えた(1)。

敗戦で自決を覚悟

一九四一年一二月、日本軍は米国ハワイの真珠湾を奇襲攻撃し、太平洋戦争を始めた。翌四二年六月のミッドウェー海戦に大敗して形勢が早くも逆転し、劣勢のまま戦争は長期化した。

四四年暮れになると、治男さんが台所まで来てつぶやいた。

「みち、この戦争はダメかもしれない」

みちさんは料理の手をはっと止め、叱咤《しった》した。

「国境を守るあなたがそんな弱気なことでどうするのですか、しっかりしてください。みんな頑張っているのですよ」

みちさんも内心では戦況の苦しさを感じてはいた。

《教育者として国を守り子供達を守らなければならないと強い覚悟を持たされていた。それは、日本人も朝鮮人も隔てのない子供達への愛であった》

四五年八月一五日の敗戦。

恭子さんがお出かけから帰ると、家の中に大勢の人がいた。押し入れやタンスにしまってあった道具や着物が取り出され、部屋の真ん中に積み広げてある。

「それは、お兄ちゃんの井げたがすりの浴衣や。それは、柱にかけてあったボンボン時計や」

見知らぬおばさんやおじさんの風呂敷の中にしまわれて行く。

「なんで?」

とみさんは黙って孫娘を抱きしめるしかなかった。現地の人がめぼしい品を「略奪」したという。

その夜から生活は一変した。町には太極旗が翻った。

警察官として国家権力側に立った治男さんは、取り調べ対象とされた。

「どんなことが起こっても騒がずじっと我慢しなさい」

恭子さんは両親にこう言い聞かされた。

《もし敵国の軍人さんが来て恐ろしい状況になった時は家族で自決することになっていた》

＊

高知時代に取材した高知県香南市《こうなん》の女性（取材時七八歳）は、敗戦をやはり朝鮮北東部の咸興《ハムン》（現・北朝鮮）で迎えた。ソ連軍が朝鮮北部に進駐してきて、容赦のない略奪を繰り返し、非道なレイプが横行したと証言する。

《女性の外出時には鍋のすすを顔に塗りなさい》

回覧板にはそんな忠告が載り、髪を短く切って男のふりをする女性もいた。

ソ連軍が満州に侵攻したのは、敗戦のわずか一週間前。日ソ中立条約を破棄しての駆け込み参戦だった。

＊

朔州にも八月末にソ連兵が進駐した。

治男さんの職務用のピストルには、いざというときのために五発の玉が入れてあった。三人の子と妻、自分のために。

「仏壇に手を合わせている間に後ろから日本刀で」

とみさんだけはそう注文をつけた。

《覚悟の自決は現実とならなかった》

中国の八路軍（後の中国人民解放軍）や馬賊《ばぞく》の襲来もなかった。

警察官をはじめ、権力機関で働いていた日本人は囚《とら》われの身となり、治男さんも拘置所に収監された。囚われた人たちは国境を越えてさらに北の地へと連れて行かれた。

「井上さんはどこへも行かせない」

信望の厚かった治男さんは現地の人に朝鮮服を着せてもらい、朝鮮人を装ったが、ことさら鋭い視線で上官が詰め寄った。

「これは日本人だな」

そして最後の送られ人となった。


「あす発《た》つことになりました」

現地の人から連絡があり、一一月一一日、治男さんを家族全員で見送った。

《永遠の別れになるだろうと去る者、残る者共に口に出さない目と目の別れだった》

治男さんは当時四三歳。汽車の最後尾に立って手を振った。胸が張り裂けそうな幼い恭子さんの目が捉えたのは、意外な表情だった。

《父の頬には静かな笑みがあった》

＊

当時、朝鮮半島の三八度線以北はソ連、以南は米国が支配していた。朝鮮からの引き揚げ者の聞き取りや関連資料を収録した『朝鮮終戦の記録―米ソ両軍の進駐と日本人の引揚―』には以下の記述がある。

平安北道の中心都市、新義州《シニジュ》にソ連が進駐したのは四五年八月末。朝鮮人による臨時人民政治委員会に行政権が引き継がれ、警察の銃器や弾薬も引き渡された。

九月二日に平安北道の知事や警察部長、署長、高等法院長ら行政と司法、警察などの日本人幹部、九月下旬には司法関係職員と警察官計約四五〇人が相次いで逮捕され、平壌《ピョンヤン》近郊の三合里《サムハムニ》にある収容所に送られた。その後、犯罪者を除き、多くは旧満州国の延吉《ヨンギル》（現・中国吉林省延辺朝鮮族自治州）にあるソ連の捕虜収容所に移送された。

延吉には朝鮮北部から約一万八〇〇〇人が送られ、うち約二八〇〇人が警察官と官公吏らだった。官公吏と一般市民はソ連送り（シベリア抑留とみられる）を除き、一二月三一日に釈放された。

治男さんの足跡とどこかでクロスするかどうかは不明だ。

父不在のまま帰国

学校も閉鎖され、一家は収入が途絶えた。

恭子さん一家五人は別の日本人の家に移り、校長の一家を含む日本人の三家族で住むようになった。零下三十数度の酷寒の中、日本人会は生活のため山林伐採や木材運搬を請け負った。弱冠一一歳の善治さんも大人に混じって作業をし、米の報酬をもらった。

一九四六年五月に次女の小由里《さゆり》さんが生まれた。

《辛く暗い暮らしの中でも、赤ん坊の笑顔や泣き声は人々の心を明るくした》

＊

『朝鮮終戦の記録』を再び開く。

それまで日本人は住宅に恵まれ、区画整理された地域に住んでいた。一方で、生活が苦しい朝鮮人は多くが未整備の地域や山地で暮らした。敗戦で状況は一変し、日本人は職場を失い、新しい支配者に住宅を譲らねばならなかった。

朝鮮に住む日本人は敗戦前の四四年五月時点で約七一万人。朔州には一一〇三人いたが、戦後の四六年二月になると三五八人、三～六月には二四六人（一五歳以下一〇二人）。半数以上の約一三〇人は自宅で朝鮮人と同居することになった。ソ連軍から白米一人あたり一升七合を四回、二升を二回、五月には食塩が一人あたり二斤配給された。白米は六〇キロが六〇〇円、食塩は一斤二円六二銭。困窮者九五人には三月末に一〇〇キロの米が無料提供された。

誰しもが一日も早い引き揚げを望んだが、なかなか実現しなかった。栄養失調に発疹《ほっしん》チフスなどの病気。三八度線以北は厳寒でもあり、残された日本人は四五年夏から翌四六年春までに、軍人を除くと二万五〇〇〇人近くが帰らぬ人となった。

四六年二月末、ようやく朝鮮北部の引き揚げが始まった。

朔州には五月二八日、郡人民委員会委員長から通達があった。

「日本人は自由に帰国してよい。ただし、帰国は黙認であって、許可ではない」

一両日中に二、三〇人、残りは準備ができ次第出発すると日本人会は回答したが、わずか二日後に移動禁止の命令が出た。朝鮮南部でコレラが発生し、米国が南下を止めるようソ連側に要請したのだ。

六月に「日本人の三八度線の越境を禁ず」と通達された。越境が見つかると、原住地に送還された。七月には同じ道内の新義州でもコレラが発生し、団体旅行が禁止された。

朔州で引き揚げが始まったのは、八月になってから。一一日の二二人をはじめ、二〇日の新延鉱山の四〇人まで四班に分かれ、計一二八人がバスで出発した。定州《チョンジュ》に到着後、列車の出発をソ連軍が認めず、逆送されるなど、南下するまでに一難二難があった。

＊

一カ月後に帰国――。

第一陣が帰国の途につく八月、恭子さん一家にも遅れればせながら連絡があった。

出発は九月一七日。みちさん（三八歳）が小さな手提げ袋を持ち、叡さん（九歳）は生後間もない小由里さんをおんぶした。善治さん（一二歳）が全員のわずかの着替えとおむつなどを入れた風呂敷を背負い、恭子さん（五歳）の手を握った。とみさん（六六歳）は両手に巾着《きんちゃく》袋を持った。

バスの後方座席に座り、朝鮮北西部の朔州を出発した。朔州では最後の帰国団だった。平安南道、黄海《ファンヘ》道と南進し、三八度線を越えて、開城《ケソン》(2)を経て、現在国際空港のある仁川《インチョン》の港を目指す。およそ四〇〇キロもの長旅だ。

＊

『朝鮮終戦の記録』には、九月七日出発の記述がある。朔州に残る一二五人がソ連軍の斡旋で、保安署の許可を得てバス三台に分乗した。バス代は一人一二〇〇円。新安州《シナンジュ》、順川《スンチョン》、平壌を経て、一三日に市辺里《シビョルリ》で下車し、開城まで徒歩で脱出したとある。

朝鮮北部に残された日本人の大規模脱出は、黄海道が四六年五月中旬、恭子さん一家がいた平安道、咸鏡《ハムギョン》北道が一〇月中旬、咸鏡南道が一〇月下旬で完了した。戦争が終わっても、恭子さん一家をはじめ、多くの人が一年以上も異国に留め置かれたわけだ。越冬を余儀なくされ、無念の最期を遂げる人が続出した。

始めるのは簡単でも、スパッと終わらせられないのが戦争だ。

＊

恭子さん一家も、三八度線から四〇キロほど手前の市辺里でバスを降ろされた。出発から五日目のことだ。翌日からは徒歩で、荒れた道なき道を進む。大八車にそれぞれの荷物を載せ、牛が引いた。三八度線までもう一息だ。午後になり、日々の疲れが重くのしかかる。不自由な左足をかばいながら歩くみちさんが我慢の限界となった。

「ごめんね。お母さんの足、一歩も歩けない」

善治さんと叡さんも母のそばで歩みを止めた。叡さんの背には、すやすや眠る小由里さん。それでも隊列は休みなく進む。とみさんと恭子さんは大八車の荷台に乗せてもらっており、本隊とともにやがて見えなくなった。

言葉も出ないまま時間が過ぎる。日暮れてきて西日が弱くなった。そのとき、「ガラガラ」と音を立てて近づく荷車が、目の前でピタッと止まった。

「井上先生？　井上先生じゃありませんか」

今こうして話す日本語を、朔州の学校でみちさんから教わった卒業生の朝鮮人青年だった。教え子は事情を聞き、頼もしく言った。

「私に任せなさい。一行の着くところ、私知っています。近道も知っています。早くこの車に乗ってください」

《青年の足取りは鍛えられていて力強く速かった》

一時間あまり、休みなく進む。腰まで浸かる川も渡った。

「着きましたよ」

教え子は振り返ってにっこり笑った。

とみさんと恭子さんを乗せた大八車と本隊は、一五分ほど遅れて姿を現した。離れ離れとなってしまった家族が無事に合流できた。

《今となっては探しようがない我が家の大恩人である。幾度彼の話題で盛り上がったかしれない忘れられない人である》

三八度線の峠は、チゲという木製の背負子で朝鮮人に背負われて越えた。みちさんは体力の限界に近かったが、小さな命をつなぐ母乳だけは途切れることはなかった。開城の米軍キャンプ地に着くと、検疫のため一週間留め置かれた。所持品検査で写真類はことごとく没収された。出発の朝、とみさんが発熱し、コレラの流行時期でもあって、さらに待機を余儀なくされた。一週間後、米軍のトラックで出発し、ソウルを経て仁川に数時間で運ばれた。

一週間後に「大隅丸」に乗船し、二泊三日して福岡県・博多港に着く。内地が見えると、全員が声を出して泣いた。検疫のため船内で三日足止めされた後、朝鮮生まれの恭子さんら四人の子どもたちは、初めて祖国の地を踏んだ。国鉄（当時）に乗り換え、京都駅で全員が新しい草履に履き替えた。みちさんの実家のある和知駅（現・京都府京丹波町）で降りると、素足で駆け寄って来る人がいた。みちさんの姉だ。秋祭りのため駅前の義弟宅にいて、二階の窓から一行の姿を見つけたのだ。

姉は声を弾ませ、最大級の朗報を伝えた。

■恭子さん一家の引き揚げルート

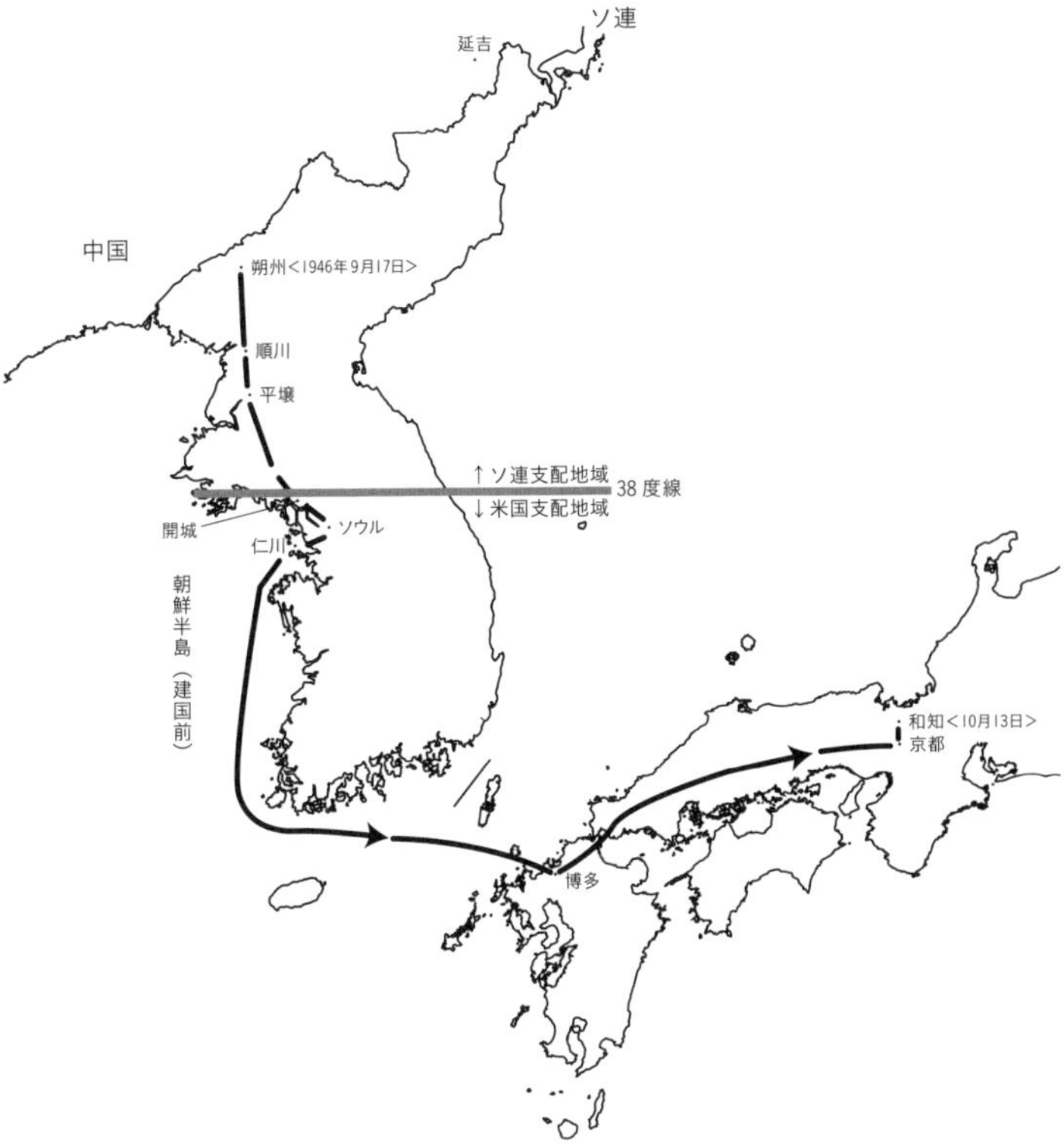

「みち、知ってるんか。上林の治男さんが帰ってきてるんやで」

もう一カ月になるという。

みちさんの実家で、家族六人はもう会えないと覚悟していた治男さんとほぼ一年ぶりに再会した。引き揚げ出発から一カ月足らずもの長い道のりだった。

《こうして生きて七人の家族が欠けることなく帰還出来たことは奇跡とも言える。いろいろな場面で救いの手を差し伸べてもらって、この日があると感謝の思いでいっぱいであった[3]》

＊

治男さんは連行後の経緯を家族にこう話した。

満州へ送られ、毛沢東が率いる八路軍の捕虜になったが、毛沢東と反目する国民党の蒋介石の手に渡り、船で帰国させてくれた。

「怨《うら》みに報いるに怨みをもってせず」

一九四五年八月一五日、日本人に対する寛容をラジオ演説で訴えた蒋介石。その後、国共内戦に敗れて台湾に移り、初代総統となる。治男さんはいつもこう話していた。

「蒋介石には足を向けられない」

帰国した治男さんは年齢制限で警察に復職できず、農作業の傍ら、炭焼きや道路工事などをした。みちさんは介護や育児に追われたが、臨時施設の保育士として、片手でオルガンを弾いたこともあった。ともに一九八〇年代に生涯を閉じた。享年は治男さん八四、みちさん七五。

恭子さんは《後記》をこう結んでいる。

《私なりに久し振りに想い出をたどった楽しくも真面目な一ケ月でした。こんな時間を頂いてありがとうございました》

もう使わなくてもよいはずの日本語で恩師に呼びかけ、荷車を懸命に走らせる教え子の場面には胸が熱くなった。みち先生の教室には、朝鮮人児童たちの笑い声があふれていたに違いない。

（1）『教科書に描かれた朝鮮と日本』一〇二、一〇六、一〇九、四一五ページ

（2）現在の南北の軍事境界線は朝鮮戦争の休戦ライン。「三八度線」と通称されるが、実際にはその付近を意味する。開城は三八度線以南だが、現在は北朝鮮領

（3）初校段階で、恭子さんの長兄善治さん（故人）が晩年に綴った引き揚げ体験の手記があることが偶然わかり、引き揚げ出発日や到着日などを修正した。それによると、引き揚げ船「大隅丸」では、力尽きて水葬される人が複数おり、恭子さん自身も肺炎で船医から危篤を告げられたという

第三章　想いのバトン

8（팔）　一一年ぶりの再取材

八〇歳在日医師が動く

「福島牧師がお会いしたいそうです」

大阪市の在日韓国人医師、姜健栄さんからメールが届いたのは暑い盛りのことだった。一年ほど前に毎日新聞大津支局を訪れ、むくげの花の少女の故郷を探したいと話した方だ。進展があれば、連絡してもらうようお願いしていた。「福島牧師」は、故郷探しに協力している人だという。

二〇一九年に入り、私は人生の大きな転機を迎えようとしていた。九月末で毎日新聞を早期退職することを決めたのだ。悩みに悩んだ末、自由に時間を使える環境で執筆活動をし、多文化共生社会づくりにも携わる道を選んだ。姜さんから取材日に「九月三〇日」を提案されたが、九月中旬に早めてもらった。

新聞記者として最後の記事になるな。

新たに勤める渡来人歴史館（大津市）は朝鮮半島と日本の歴史を主に紹介する展示施設であり、日韓友好の記事は次への橋渡しとして申し分ない。

気持ちは高ぶった。

まずは姜さんとの出会いから紹介する。

「自分の民族が好きで、韓国と関連のある神社や遺跡の研究をしているんです」

前年の秋、大津支局を訪ねた当時八〇歳の姜さんは話し始めた。

父が平安北道（現・北朝鮮）、母が済州島《チェジュド》（現・韓国）出身の在日二世。外交官志望だったが、就職差別を懸念した母から方向転換を促され、医師の道を選んだ。

歴史が好きで、西日本を中心に各地を調査している。日韓と在日の総合雑誌『ＫＯＲＥＡ　ＴＯＤＡＹ』や論文で調査結果を発表しており、著書も多数だ。朝鮮侵略で連行された一〇人以上の墓地などの調査をまとめた自著『望郷の被虜人と渡来文化』を持参し、寄贈いただいた。

四国には複数の女性が連行されており、香川県三木町にある官女姉妹の大泝、小添の墓地や徳島県吉野川市の朝鮮女の墓を現地調査した後、インターネットの検索で偶然見つけたのが高知県黒潮町の朝鮮国女の墓だった。

姜さんは一七年七月、現地に向かった。土佐くろしお鉄道の無人駅の土佐上川口駅で降り、歩いてすぐのお墓を訪ねると、水やりをして、バラを供える年配女性の姿があった。

「先祖が連れてきたんで、時折やっております」

理由を尋ねると、七五歳という女性が答えた。帰りに小谷《おだに》家の親族と駅で一緒になり、当家の集会に誘われることになった。偶然にも、年に一回の小谷家の先祖祀《まつ》りの日だったのだ。その集会で少女の悲話が絵本『むくげの花の少女』として出版されて読み継がれ、全国からお墓参りに訪れる人がいることを知った。

姜さんは『KOREA　TODAY』(一七年一〇月号)に調査結果を特別寄稿し、こう終えた。

《ここに詩人/許南麒《ホナムギ》の一文を挙げる。「四百年の昔、そこに哀れな朝鮮女が生きた証として、墓を作ってもらい、今日まで幾代にわたってその墓を守ってくれた。心が温かい人の住んでおられる土地で、一生を終えたというのがせめてものしあわせであると思う」。まさにこの通りだと言えよう》

姜さんは植野さんに連絡して絵本を送ってもらい、読んでみた。

《少女は毎日泣きつづけました。

そしていつか涙はかれて出なくなってしまったのです》

「すごい表現やって感じたんですね」

心を動かされ、今度は植野さんに会いに行く。地元の小学校で年一回、絵本の朗読を続ける植野さんがこう漏らした。

「少女が朝鮮のどこから来たのとよく尋ねられ、答えられなくて困ってるんです」

思わず言った。

「故郷を探してみます」

手がかりは少なかった。少女の名前は伝えられていない。韓国側にも資料がないに等しい。長宗我部元親も韓国では無名で、少女を連行した一豪族の小谷与十郎のことは誰も知らない。とはいえ、機織り技術に優れていたことから、故郷は生糸を産み出す養蚕地の可能性がある。元親の侵攻ルートと養蚕地がクロスするところがあれば、絞り込めるのではないか。姜さんはそう考えた。

『むくげの花の少女』を五〇冊ほど追加購入し、これはという人にプレゼントを始めた。その一人が、プロテスタント系の八尾南福音教会（大阪府八尾市）の福島敏雄牧師（一九四八年生まれ）で、故郷探しを手伝ってくれることになった。自身が通う教会の牧師で、「説教がうまい」と信頼を寄せていた。

二人は夢を膨らませた。

「故郷を特定できたら、少女の霊を弔う記念碑を現地に建立し、日韓合同の祭典を開きたい」

二回目の侵略となる慶長の役（一五九七〜九八年）で、秀吉は朝鮮南部の支配をもくろんだ。南東部の釜山に上陸後、東寄りを進む右軍と、西寄りの左軍に分かれ、北上した。

姜さんは当初、元親が東寄りを進んだと考えた。ルート上に位置する慶尚北道《キョンサンプクド》大邱《テグ》市郊外に蚕の餌となる桑畑の産地があり、故郷の可能性があると当たりをつけた。大邱市内に福島牧師の教会の姉妹教会があり、日韓合同の礼拝をさせてほしいと申し出て、一気にその段取りを整えた。ところが、姜さんが大邱市を訪ねて調べた結果、慶尚北道尚州《サンジュ》市の織物関係の幹部から、この地方から連行された機織りの少女はいないとの証言が得られた。大邱は候補から外れることになった。

今度は、元親が左軍として西寄りを進んだ可能性に目を向けた。ネット検索で、一五九七年の南原《ナモン》城の戦いの際、左軍の各武将が城を取り囲んだ絵図を見つけ、元親の名前があることがわかった。

そこで浮上したのが、南原城のあった全羅北道南原市だ。近郊に桑畑の産地があるらしい。

「南原周辺の村から連れてきたのではないか。地元の文化関係者に連絡を取って、確認を急いでいます」

全国版に十分行ける内容だが、肝心のピースが欠けている。故郷が絞り込まれるまで紙面化は見合わせよう。合同慰霊祭が実現し、その場に取材に行けたら。特ダネは、記者の心を奮い立たせる活力源だ。胸を弾ませながら、立ち去る姜さんに声を掛けた。

「進展があればすぐに連絡してください」

聞いた端から文字にすべし。

故郷が特定された前提で記事を書く。未定の部分は「○○○……」などと「○《まる》空《あ》き」状態にしておく。「○空き」は本来、選挙やスポーツ、著名人の訃報記事などの予定稿で使われる手法だ。選挙なら、A、Bの両候補の勝ちパターンのほか、締め切りまでに決着が付かないパターンもつくっておく。開票結果が判明すれば、即座に紙面化・ネット発信し、読者に届けることができる。

今回の予定稿で○空きにしたのは、故郷特定の経緯、その根拠、慰霊祭の具体的な予定、姜さんや植野さんら関係者の想い。それらをオンすれば、記事のピースは埋まる。


　それから一年弱。福島牧師を取材する頃、日韓関係は一九六五年の国交正常化以来、過去最悪と言われるほど深刻化していた。二〇一八年一〇月、韓国大法院（最高裁）が元徴用工への賠償を日本企業に命じる判決を出したのを機に、韓国軍のレーダー照射問題、日本政府による半導体素材三品の輸出規制強化、軍事情報包括保護協定（GSOMIA《ジーソミア》）の韓国政府の破棄問題などと続き、報復合戦の様相を呈していた。観光客の往来が激減し、韓国では日本製品の不買運動も伝えられていた。そんな時期だけに友好関係回復の動きを伝える記事は意義がある。言い換えれば、ニュース価値がある。

　話題ものが重宝される夕刊なら、一面トップもありうるぞ。

　かつて記事の扱いを決める編集デスクだった私はそう思った。

大阪の牧師を取材

九月一八日、大阪メトロ谷町線の終点となる八尾南駅（大阪府八尾市）。駅舎の階段を降りて、それらしい人を探すと、白いワゴン車の前に初老の男性が立っている。当時七一歳の福島敏雄牧師。肩書にふさわしい、温厚で柔和そうな人だ。福島牧師の運転する車に乗せてもらい、八尾南とは別にある教会「出戸《でと》バイブルチャーチ」（大阪市平野区）に向かった。街中にある小さな教会だ。子ども食堂も定期的に開いているという。

手際よく取材しなければならなかった。その春から地域面編集のデスク役をしており、取材が終わり次第、電車で約一時間かかる大阪本社（大阪市北区）に出社する必要があった。翌日の地域面の編集作業が待っていた。

「まずこれを見てください」

信者が誰もいない教会のテーブルに座ると、天井付近に設置された画面に福島牧師が動画を映し出す。

「今年二月に南原市を訪ねて、むくげの花の少女について話をさせてもらったんです」

事態は予想以上に進んでいた。地元の教会関係者約一〇〇〇人が出席する集会で、福島牧師が登壇し、日本語で説明をする様子が映る。動画を適宜早送りしながら、経緯を説明する。姜さんから『むくげの花の少女』の絵本をもらったのが、前年六月のことだ。

「故郷を思い、泣き明かした少女に胸を痛めました」

故郷探しへの協力を打診され、快諾した。以来、黒潮町を三回訪れ、小谷家の宴席にも飛び入り参加し、カラオケではマイクを握った。植野さんにも会って、小学生にいつも伝えている「ザ・ファミリー・オブ・マン（人間はみな同じ家族）」という言葉を聞き、感銘した。

少女の故郷として韓国南西部の南原市が浮上し、姜さんから尋ねられた。

「南原市に知り合いの牧師がいませんか」

知人で日本語が堪能な、ソウル市のダニエル朴《パク》宣教師（一九五五年生まれ）に紹介を頼むメールを送ったところ、偶然にも大阪市に滞在していることがわかった。

「主の導きを感じた」

翌日、絵本を見せて直接説明すると、朴宣教師が自ら南原市まで訪ねてくれることになった。現地では南原文化院の金注完《キムジュワン》院長に協力を仰ぎ、養蚕業が盛んな市郊外の村がクローズアップされた。

寿洞村《スドンマウル》だった。

盆地にある南原市

福島牧師がスナップ写真を何枚か取り出した。一枚を手にすると、ハングルで「スドンマウル」と刻まれた大きな石碑の前に牧師と通訳を務めたダニエル朴宣教師が写っていた。寿洞村の入り口に立てられているという。

村の入り口に立つ《スドンマウル》（寿洞村）と刻まれた石碑。手前は福島敏雄牧師（右）とダニエル朴宣教師＝韓国南原市郊外で2019年１月、福島牧師提供

牧師が南原市を初めて訪ねたのは、その年の一月。釜山から約一五〇キロ西北西にあり、高速バスで約三時間かかる。金院長の案内で南原城址《じょうし》や寿洞村を見学した。写真はその際に撮影したものだ。

*

南原市はどんなところだろうか。

取材後に調べてみた。南原市のハングルを打ち込み、市のホームページをクリックした。《日本語》を選択すると、連なる山々を背景にした赤紫のツツジの花々の美しい画面が現れる。《基本現況》によると、二〇一四年の人口は約八万六〇〇〇人。広い盆地に位置し、大陸高気圧のため冬季は寒い日が多いとある。

「京都のような雰囲気の街」

牧師はそう印象を語る。

寿洞村は南原市役所から北西へ約八キロ。地域のすぐ西を順天《スンチョン》―完州《ワンジュ》高速道路が走る。衛星写真が立体的に見られるグーグルアースで検索すると、緑の山に挟まれ、四〇軒ほどの家が一箇

■韓国南原市（全羅北道）

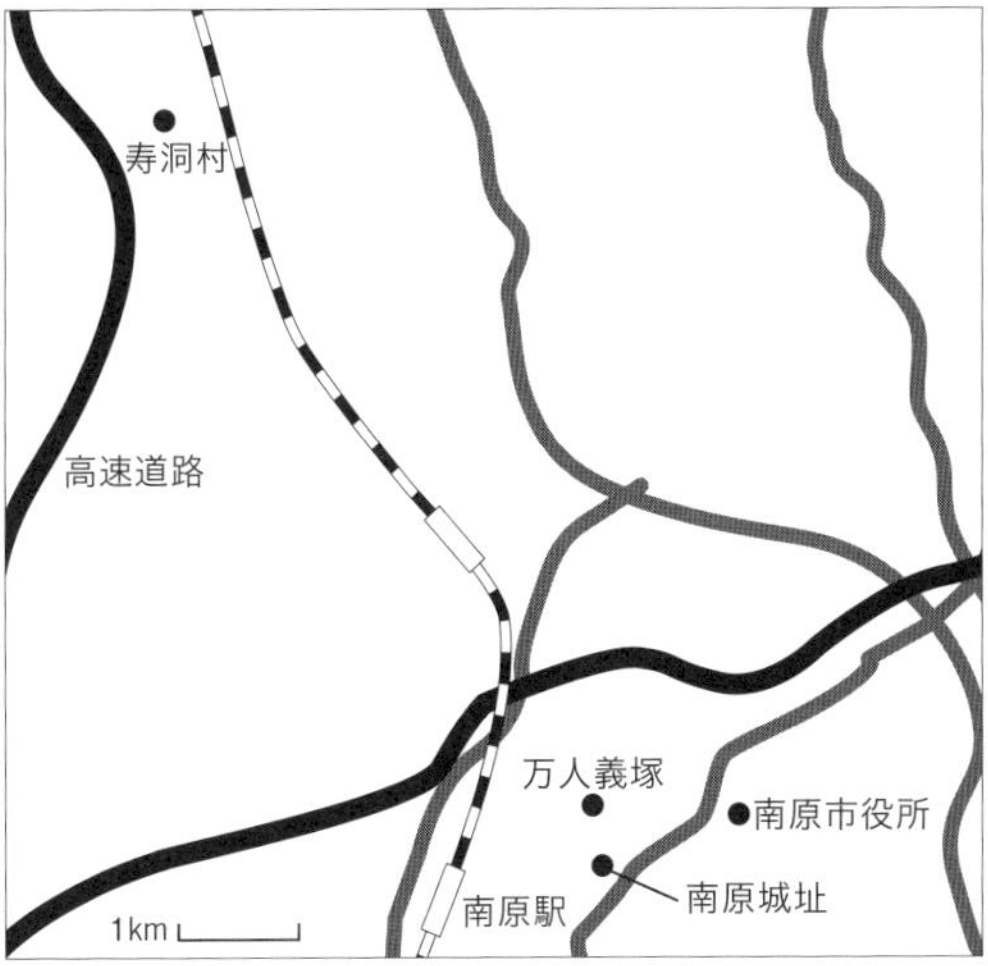

所に集まり、周囲に畑の広がる画像が表示された。農業で生計を立てている山村のようだ。

＊

帰国した牧師に、南原文化院の金院長から連絡があったという。

「二月末に南原キリスト教連合会が東部教会であります。その場で、むくげの花の少女について紹介してもらえないでしょうか」

そうして実現したのが、最初に見た動画の場面だ。絵本の一部や朝鮮侵略の侵攻ルートなどをパワーポイントにまとめ、通訳を交えて約二〇分説明した。

「少女を記念する日韓合同の行事ができないでしょうか」

最後にそう訴えた。

福島牧師には手応えがあった。

「好意的、友好的でサポートしたいと言ってもらえました」

会場では、金院長もあいさつをした。その日本語訳をいただいたので、表現を整理して抜粋して紹介する。

「丁酉再乱《チョンユジェラン》（慶長の役のこと）では南原から多くの陶芸師たちが連れて行かれたことを覚えておられるでしょう。織物を上手に作れる女たちも連れて行ったという話があります。ただ、当時の朝鮮時代は女性の人権が守られておらず、連行の実態について根拠資料がありません。推測をもとに調査し、南原で一番桑の木が多く、木綿を多く栽培していたのが寿洞村でした。調査はほとんど終わりかけています」

牧師は南原市の李桓朱《イファンジュ》市長とも面談すると、市長からこんな趣旨の話があった。

「ハングル版の絵本は初めて聞きました。朝鮮の少女が現地で愛されていることを知り、感謝を申し上げたい。少女連行などの資料や記録は韓国には残っていません。裏付け資料があれば、慰霊祭や記念碑について、一〇〇％協力したい」

牧師の説明が一段落した。

「故郷が特定されたと言えるんでしょうか」

「ほぼ間違いないのではと考えています。金院長も『ほぼそうだろう』との認識です」

また牧師は、姜健栄さんが前年末に南原市近郊を訪ね、機織り少女が連行されたという伝承を聞いたことも付け加えた。

姜さんが仕事の合間に教会に駆けつけ、絵本を手にした姜さんと牧師のツーショットをカメラに収め、教会を後にした。

「これを機に黒潮町と南原市に交流をしてもらいたい」

牧師の言葉が、私の胸の中で何度も思い返された。

原稿を仕上げる

書くか、書かざるべきか。

絵本『むくげの花の少女』を手にした福島牧師（右）と姜健栄医師＝大阪市平野区の出戸バイブルチャーチで2019年９月

思案した結果、書くことを選んだ。

故郷と特定した根拠はいかにも弱い。その一方で、福島牧師が南原市側に招かれており、すでに日韓交流の扉は開いている。南原市側も慰霊祭開催などに前向きのようだ。フェーズが一段階進んでいる。

パソコンで眠っていた予定稿に、一年ぶりに息を吹き込む。取材でわかったことを上乗せする。あとは、韓国側の、できれば金院長と、火付け役でもある植野さんの生の声がほしい。

取材日の夜、寿洞村の入り口を写した写真が牧師から送信されてきた。ハングル表記で朝鮮半島ネタと読者に一目でわかるため、提供をお願いしていた。掲載写真はこの他、絵本を手にした姜さんと牧師のツーショット、少女のお墓の計三枚を考えた。地図もぜひものでで、約六〇〇キロ離れた南原市と黒潮町の遠さを視覚に訴えることができる。説明を加えた参考地図を用意し、翌日、新聞社のデザインチームに地図の作成を依頼した。

金院長のメールアドレスは姜さんから教えていただいた。日本語で質問を作り、ネット翻訳の力を借りて韓国語訳した。独学の末、ハングル能力検定の準二級に合格し、新聞や小説などはなんとか読めるようになっていたが、話すのと聞くのと書くのは苦手なままだった。ぎこちない韓国語訳は平易な日本語に差し替え、改めて機械翻訳する。

慰霊祭の提案をどう思うか▽日韓関係が悪化する中、市民レベルの交流の意義についてどう考えるか――など四点を尋ね、最後に《下手な韓国語で申し訳ありません》と記した。メールの件名はハングルで《イルボン　キチャイムニダ》（日本の記者です）。面識のない外国の記者に返信があるかどうか、五分五分かなと思いつつ、送信をクリックした。

そして植野さん。私が本を出版した折など何度かお会いしていたが、ここ五、六年は連絡をとれていなかった。

脳梗塞《こうそく》で入院中という心配な情報を牧師から聞いていた。以前には心臓の大手術もしていただけに案じられた。病院に連絡していいものなのか、話せる状態なのかもわからない。植野さんと懇意にしていると聞いた黒潮町の大方あかつき館の松本敏郎館長に連絡してみた。

「すでに退院され、話すこともできます」

そう聞いて、植野さんの自宅に電話した。すぐに受話器が上がり、懐かしい声が聞かれた。とはいえ、いかにも弱々しい声だ。数日前に退院したばかりという。

「姜先生と福島牧師が、少女の故郷を熱心に調べてくださって。本当にいい方々です。頭が下がります。慰霊祭が現地で開かれるのなら、体調が許せば、私も参加したいんだけど」

体調が万全でない中、取材に応じていただいたお礼を言って、社有スマホの《通話終了》を押した。

金院長からは、数日たっても返信がない。退職する月末まで日がない。見切り発車して出稿することにした。院長のコメントは届けば追加出稿すればいい。編集局次長（紙面の編集長役）にデスク役をお願いし、二、三の手直しが入ったものの、ほぼ原文のまま地方部に出稿された。

記事の前文は以下の通り。前文では在日韓国人の姜さんではなく、日本人である福島牧師を前面に出す仕立てにした。

《豊臣秀吉の朝鮮出兵（１５９７年）で連行された少女の墓が高知県西部の黒潮町にある。今なお手厚く参られ、その悲話が絵本となって読み継がれている。その経緯に心を動かされた八尾南福音教会（大阪府八尾市）の福島敏雄牧師（71）らが少女の古里を探し、慰霊祭を現地で開

く準備を進めている。日韓関係がこじれる今、福島牧師は「少女を通して日韓の傷が少しでも解消されれば」と願う》

最後の記事は幻に

出稿から三日後。デスク役をした編集局次長から想定外のメールが届いた。

《社会部・地方部デスクにも見てもらったところ、使用が難しいという判断に至りました》

故郷と特定した根拠が弱いため、慰霊祭や記念碑建立の計画、その意義も揺らぐという指摘だった。それは織り込み済みでの出稿だったが、複数のデスクの判断が一致したと言われては、引っ込めざるを得ない。韓国側の本音の部分も取材すべきではないかという趣旨の指摘も付されていた。韓国全体が反日一色のような認識が新聞社幹部の中にも拭えない様子が行間にうかがえた。日本製品の不買運動など、日韓対立の先鋭的な場面ばかりに報道が集中するせいだろうか。金院長のコメントが届いていればとほぞをかんだ。

今思えば、故郷の候補の一つとしておけば良かったかもしれない。自分の力不足だ。

姜さんと福島牧師に紙面化見送りを伝えるメールをすぐに送った。

《私個人としては、古里の特定以前に、歴史にこと寄せ、日韓交流につなげようとする動き自体に意義があると考えており、悔しい限りです》

牧師からの返信には、翌月に南原文化院の金院長らの調査団が黒潮町を訪れ、少女の墓参りをするとあった。

目にした瞬間、心の中で叫んだ。

ほら、もう交流が始まっているんだぞ。

そのとき、ふつふつと闘志が湧いてきた。

この交流がどう発展していくのか見届けよう。新聞記者でなくなっても、取材を続けよう。できれば本の形でまとめられないか、と。

そして今、この文章を綴っている。

《返信が遅れて申し訳ありません》
金院長から質問の回答がハングルで送信されてきたのは、退職して一〇日後のことだった。
《こうした民間レベルの交流に関心を持っていただき、感謝申し上げます。朝鮮国女の霊魂を慰める慰霊祭については肯定的に考えています》
回答はA４判にびっしりと書かれている。
《現地調査活動を今月一四〜一八日まで四泊五日の日程で進める予定です》
調査後に南原側の資料も合わせて、ドキュメンタリーや絵本を作成して、国女の生涯に光を当てる計画だという。思わず身を乗り出した。
《朝鮮国女の霊魂を少しでも慰め、不憫《ふびん》な思いを解消するためにもお互いの関係を維持したい》

大きな進展じゃないか。うれしいけれど、届くのが遅いじゃないか。

福島牧師に確認してみると、一行を車に乗せて同行する予定だという。ただ、訪問日程がわからずじまいで、お困りの様子だった。日程を先に把握した私から伝えた。

「もし日程が合えば、私も現地で取材したいと思います」

すでに渡来人歴史館での勤務が始まっており、フルに同行するのは難しい。一行が現地で活動を始める一〇月一五、一六日の二日間、黒潮町に行くことを決めた。一行と同じ宿に泊まりたかったが、牧師や金院長に尋ねてもわからない。黒潮町にはほとんど宿泊施設がないため、同じになるかもと期待しつつ、植野さん宅の近くのホテルを予約した（結果は外れだった）。

早朝、自宅のある京都から新幹線に乗った。約六時間もの長旅だ。

9 (ユ)「郷里」からの訪問

南原の調査団来日

潮騒が耳に届いた。

宿泊先のネスト・ウエストガーデン土佐（高知県黒潮町）から歩いてすぐの太平洋を見に行く。上がったばかりの太陽の光を浴びた海面に、黒のウエットスーツが幾つも浮かび上がる。肌寒い一〇月中旬の、それも早朝なのに。波乗りに興じるサーファーたちだ。二〇人はいるだろうか。

右に左に身をくねらせ器用に波に乗る人も、最後はバランスを崩し、一人残らず海中に没する。人の一生を一〇秒単位で見るかのようだ。

格好の波が立ち、多くのサーファーたちを惹きつける「入野《いりの》の浜」。後で聞いたら、タレントの木村拓哉さんも波乗りに訪れたことがあるという。約四キロ続く美しい浜を「砂浜美術館」と見立て、例年は五月に一〇〇〇枚ものTシャツを並べる壮観なアート展の舞台となる。

《涙はかれて出なくなってしまったのです》

植野雅枝さんが絵本でそう綴った場面には、入野の浜と思われる浜辺に少女がひざまずく、夫の末丸さんの絵が添えられている。少女は遠き故郷を思い、この海の水平線の先を眺めたかもしれない。

その日は朝から快晴だった。

少女のお墓のすぐ近くにある黒潮町立上川口小学校へ向かった。植野さんも一緒だ。植野さんが毎年の人権学習で五年生に絵本を朗読してきた小さな小さな学校だ（二〇二一年一月時点の全校児童は三八人）。

「チョウム　ベッケスムニダ（はじめまして）」

到着した南原文化院の金注完院長（一九四九年生まれ）と握手を交わす。眉が濃い、小柄な人で、以前は高校校長だったというのがうなずける風貌《ふうぼう》だ。通訳も同行している。

「メールは意味がわかりましたか」

「ネー（はい）」

一行は福島牧師を含め八人。大阪から二台の車に分乗し、昨夜遅くに高知入りした。前日には、朝鮮侵略犠牲者の耳や鼻が埋葬された京都市の耳塚にも立ち寄った。ドキュメンタリー撮影のスタッフが同行し、院長らの一挙手一投足をカメラに収めている。それだけでなく取材に訪れた私と高知新聞の西村大典記者も、下駄箱の前で一分ほどのインタビューを受けることになった。

「どうして少女の墓を知ったのか。今後何を期待するか」

「以前取材したことがあり、新たな進展があると聞いて取材に来ました。日韓関係が悪化する今、連行という悲しい歴史から始まった出来事ですが、友好の歴史に変わることを願っています」

後日、完成動画を見るとボツになっていた。

金院長は期待をこう語った。

「制作したドキュメンタリーは韓国各地の文化院で上映し、将来的にはテレビのKBSやMBSなど三大ネットワークでも放送したい」

お墓を守り続ける小谷《おだに》家や植野さんとの面談が校内で行われたが、撮影中だからと若い男性に立ち会いを制止された。監督という。撮影は韓国で完成済みの脚本に沿って行われ、最大の功労者の福島牧師も出番が後だという理由で、同席を断られていた。初対面のあいさつを交わす場面も再三撮り直している。あまりの作り込みに閉口する。臨機応変が現場の面白さでもあるのに。

一行の中で唯一の女性が脚本家だ。四〇歳代ぐらいの気さくな人で、ハングル表記のある渡来人歴史館（大津市）の名刺を渡すと、表情が和らいだ。スマホの翻訳機能の助けを借りて脚本の狙いを尋ねるとこう返ってきた。

「過去の歴史に縛られている枠組みを破り、民間レベルで和解ムードを作りたい」

「私も同じ考えです」

日韓関係が深刻化する中、仕事とはいえ、絆をつくろうとする人が隣国にもいると知って意を強くした。会話は続いたが、

「タシハンボン　マレジュセヨ（もう一度お願いします）」

聞き取れずに問い返すと、苦笑いで終わってしまった。

小谷家の方々とも私は初対面だった。上川口に小谷家は取材時一八軒。当主の小谷一富さん（三三年生まれ）と元高校校長の鉄夫さん（三五年生まれ）ら四人が来ており、南原市からの訪問に歓迎ムードだった。青い作務衣姿の鉄夫さんは対面後にこう語った。

「双方の心のつながりは確認できました。彼女の出生地で彼女を称えるような式典を予定されており、一緒に来ないかと誘いを受けました。大変うれしい。できるだけお応えしたい。彼女は不幸な形で連れて来られながら、友好の絆を結ぶきっかけになってくれています」

一行は少女のお墓に向かう。小学校の裏口からあぜ道を通って五分ほどだが、ドローンによる空撮が準備されており、撮影スタッフからゆっくり歩くよう指示が出た。

静かな山間にあるお墓を前に、金院長がそっと手を合わせた。

私にとっては一一年ぶりの対面だ。士族の墓と同様、表面を少し彫り込んで《朝鮮國女墓》と刻んである。

金院長が感慨深げに話した。

「韓国からとても遠い。山を見ても険しい。少女の感情を思うと、どのくらい悲しいか感じることができました」

長らくぶりに飛び交ったお国の言葉は、静かに永眠する少女の元にも届いただろうか。

絵本に込めた願い

上川口小学校から五、六年生の児童数人が女性教職員とともに同行し、撮影に協力した。

菅凜汐《かんりお》さん（六年生）はカメラの前で臆《おく》せずインタビューに答えた。

「五年生のときに勉強をして、むくげの花の少女について知りました。無理やり連れてこられて、誰も友達がいなかっただろう。ここで亡くなったのは寂しい」

別の六年生女児。

「自分が力ずくで連れてこられたと考えたらとても悲しい」

四〇年ほど前に「守る会」が建立した碑文を全員で読み始めた。《卒年》の箇所でどう読むのか一瞬戸惑い、見守る大人たちから温かい笑いが漏れた。道路に降りて、半円を描いて朝鮮のトラジ（桔梗）の歌を披露すると、金院長が顔をほころばせ、こう話しかけた。

お墓の由来を書いた碑文に手を合わせる黒潮町立上川口小学校の児童ら＝2019年10月

「日本だけでなく、韓国や世界のいろんな文化を吸収してください。新しい文化を作っていくのは、みなさんの世代です」

秋の日差しがやんわりと降り注ぎ、目を細めて見守る植野さん。ひと月前に退院したばかりで、車イスでの移動もつらそうだったが、この一部始終はなにより見届けたかっただろう。

「絵本を書いてよかったねえ」

そして、史実を基に書いた絵本の中で、願望を込めて書いた場面が一つあったと明かした。

《毎年　桜の花が山いちめんをピンク色にそめるころ、

　近くの小学生たちが　少女のお墓にやってきます。

そして　悲しい人生を終えた少女の物語を先生から聞くのです》

「自分の希望を書いた。それが実現するようになったんで、よかったねえ」

絵本を作っただけでなく、二〇年余の間、愛情を注いで五年生に朗読を続けてきた熱意のたまものだ。

福島牧師も満面の笑みだ。

「新しい道が開けて、飛び上がって喜んでいる。これが第一歩かな。黒潮町にも交流に協力をしてほしい」

前日、一行を乗せて大阪から黒潮町までハンドルを握った疲れが吹っ飛んだ様子だった。

一行は午後、津波対策で高台を造成して新築移転された黒潮町役場を訪れ、畦地《あぜち》和也教育長と面談した。小谷家も同席して、友好ムードで進み、金院長と教育長が握手を交わす。「小谷家のいろんな方がお墓を管理してきてくれたことをうれしく感じます。良い日韓関係を平和の力で築きたい」

金院長がこう話すと、教育長が応じた。

「両国でこの交流がぜひ続いていければ。子どもたちにも受け継ぎたい」

三〇〇年前のバトン

入野の浜の一帯に斬新な設計の白い建物が建つ。町立図書館や町民ギャラリー、ホールなどを兼ねた複合施設「大方あかつき館」。地元出身で、戦後を代表する私小説作家、上林暁《かんばやしあかつき》（一九〇二〜八〇年）の名を冠している。その年の大学入試センター試験（当時）の国語に、上林の作品『花の精』が出題されて、その企画展が開かれている最中だった。

役場取材の直前に立ち寄り、黒潮町の前身の『大方町史』を開く。一九六三年と九四年の新旧二冊ある。松本敏郎館長が少女のお墓関連の箇所に付箋をしてくれていた。第二章で紹介した長宗我部地検帳から類推した朝鮮侵略の人的被害は、このとき調べたものだ。

六三年版の町史は、お墓を建立した小谷安次《やすつぐ》について、見開きで紹介している。

本名・之直。江戸時代の一六八三年、上川口村庄屋儀左衛門の嫡子として生まれ、一七五〇年に《六八歳》（数え年とみられる）で世を去った。

《医を業とするかたわら筆硯《ひっけん》に親しみ》、『述有書』などの著書があった。鎌倉時代に土佐へ一時流された尊良《たかなが》親王など、郷土史の著述が多かったが、《その書の全貌の完存しないのは遺憾》とある。

小谷家の菩提寺の旧桂蔵寺跡にある立派なお墓の写真が付けられている。

安次の先祖の小谷与十郎にも言及してあり、家臣として仕えた安芸備後守の滅亡の後、長宗我部氏の配下となり《朝鮮征伐にも従軍して功があったという》。

少女はこの折に連行された。歴史に関心が高く、知識人でもあった安次が、数十年ほど前に他界した朝鮮女性をしのび、石碑のあるお墓を建立したわけだ。安次の生年などから、建立は一七〇〇年代前半とみられる。子孫の小谷鉄夫さんはこう解釈する。

「亡くなって何十年もしてから、名前すらわかっていない少女のお墓がつくられたのは、非常に素晴らしい女性だったからだと受け止めています。女性のお墓が石ころ三つとされていた時代に、与十郎に劣らないお墓にしたのは、尊する気持ちの現れでしょう」

筆まめな安次は、先祖が連行した少女について、著述を残していたに違いない。かえすがえすも残念だ。

悲しき歴史を友好の歴史に塗り替えるバトンリレーは、安次から始まった。三〇〇年もの長きにわたるリレーだ。

取材を終え、土佐入野駅まで松本館長に車で送ってもらった。無人駅なのに有人の洋菓子屋があり、エクレアを買った。車内販売がなく、岡山まで四時間余りの空腹をしのぐことになった。

特急の車窓から夕闇迫る田畑を見ながら、取材ノートの整理を始めた。記憶の鮮明なうちにメモの書き漏らしを補っていく。日韓の関係者が漏らした言葉が脳裏に強く刻まれていた。

「植野さんの絵本がなければ、ここまで来ることはなかった」　（金院長）

「植野さんがいなければ、これほどまでにはなっていなかった」　（小谷鉄夫さん）

どこで発表するか

一緒に取材していた高知新聞はいつ、どんな記事を載せるのだろうか。翌日、高知県内の友人に聞くと、もう載っていたといい、紙面の画像を送ってもらった。

当該面のトップ相当の扱いで、見出しは以下の三本だ。

《「朝鮮国女」は韓国南原出身

日韓調査でほぼ特定

訪問団　黒潮町で報告　交流促進へ》

複雑な経緯がコンパクトに記事にまとめてある。欄外に《地域2》。全国紙で言えば、地域面に当たる。過去最悪の日韓関係には一切触れられていない。関係悪化の動きに風穴を開けたいという福島牧師らの想いに焦点を当てれば、違った面での扱いになったかもしれない。

この素早さが新聞の命なんだよなあ。

新聞記者でなくなってからまだ二週間ほど。一抹の寂しさに襲われた。発表の場が限られてもいいのか。早期退職するときに何度も自問したうえで、決断したことだ。今さら後悔はできない。

長期戦で取材する。確たる出版の当てはなかったものの、むくげの花の少女を本にすることが第一目標だった。とはいえ、南原文化院の黒潮町訪問は、中間報告として発表しておきたい。

幸いなことに高知県内で二つの連載を持っている。高知時代に出会った友人たちのおかげだ。最初に考えたのが、地域情報誌『季刊高知』の連載「遠きにありて」。室生犀星《むろうさいせい》の「ふるさとは遠きにありて思ふもの」を念頭に、高知を第二の故郷と思うことから命名した。高知では、取材した人と一過性でなく、対人間として接するようになった。ダメ記者だった私が、少しはマシな記者になることができた記者としての再生の地なのだ。

今回のような高知ネタは最適だ。しかし、よく考えてみると、もう一つの印刷・出版社「飛鳥」の読者向けPR冊子『かわら版』の方がより最適だった。飛鳥が『むくげの花の少女』の版元だからだ。最初に思いつかなかったのは、「新聞余話」というコーナーの趣旨とはそぐわないからだ。行数もいつもより増えそうだ。

連載を休載し、二ページ掲載が可能かどうか。飛鳥の永野雅子さんに問い合わせて、あっさり了解していただいた。さすが『むくげの花の少女』を「うちの財産」という常務だ。一九八六年創刊の『かわら版』が次号で二〇〇号を迎えるそうで、いい場所に納めてもらえることになった。

南原故郷説に異論

『かわら版』は、主に高知県内で読まれるため、夕刊用に用意した原稿を全面的に書き直し、地元の植野さんの想いを軸にした。

《植野雅枝さんは歯がゆかった》

その一文で書き始める。絵本作成のきっかけ、姜さんと福島牧師が少女の故郷探しを始め、急展開して南原文化院の関係者が墓参りと調査に訪れたことを紹介し、日韓の交流が始まる予感がすると、筆を進めていく。

タイトルは「絵本が結ぶ日韓交流」。

再確認したいことがあり、福島牧師にメールすると、すぐに返信があった。一一月に三度目となる南原市訪問をし、ドキュメンタリーの撮影に協力したという。撮影は、朝鮮侵略時の南原城の戦いの犠牲者が眠る「万人義塚」や少女の故郷とみられる寿洞村で行われた。

「万人義塚では、私が花束を供える場面をドローンで空撮しました」

メールには、もっと驚くことが記されていた。

南原再々訪のため、仁川国際空港からソウルのバスターミナルまでバスで移動中、ダニエル朴宣教師に紹介された南原市のフリーカメラマン男性と乗り合わせた。在日機関紙の元写真記者といい、南原市所蔵とされる古い文献を見せながらこう断言したという。

「長宗我部が参戦したのは南原城の戦いではなく、ほぼ同時期にあった黄石山《ファンソクサン》城の戦いだ。南原市長もそう考えている」

双方の地は離れており、両方の戦いに参加することは無理だ。

福島牧師はその文献の一部をカメラに収めており、画像を入手すると、南原城の戦いの両軍の戦力比較が紹介されていた。総勢五万六八〇〇人となる日本軍の指揮官の中に長宗我部の名はなかった。

だったら、話が違うやん。

記事の根底が崩れると思ったが、それでは新聞社のデスク陣と同じ認識になる。過去の歴史にことよせて日韓交流、和解の動きが始まろうとしていることは間違いない。目に見える動きが出ている。その意味合いは大きい。

とはいえ、市長が疑念を抱いているのなら、ドキュメンタリー制作などの事業はストップされるのではないか。牧師に再確認すると、韓国政府直属の文化院事業のため予定通り進められるという。

原稿の締め切りは迫っていた。元親の侵攻ルートを精査する時間はない。ただ、そういう指摘がある以上、原稿には反映すべきである。考えた挙げ句、本文に次のような形で追加した。

《その一方で、長宗我部軍は南原市ではなく、東寄りの別のルートの侵攻に帯同したとされる資料も現地に残されており、少女の故郷について再調査する動きもあるという》

この件は調べなくてはならない。

『かわら版』は二〇二〇年一月末に発行された。本文をこう結んだ。

《むくげは韓国語で、限りなく咲き続けるムグンファ（無窮花）と呼ばれる。悲しい歴史から友

好の歴史へ。一足早く絵本のむくげが大輪を咲かせようとしている》

第四章　少女に迫る

10（십）コロナ下に文献調査

「ドキュメンタリー」が届く

二〇二〇年四月初め、ＥＭＳ（国際スピード郵便）が届いた。韓国の南原文化院からだ。宛先に私の名前が金釘文字のような日本語とともに英語でも書かれている。「ＨＥＡＶＹ　ＯＺＡＷＡ」。ヘビーってなんだろう。しばらく考えて、口元が緩んだ。「重人」の「重」の英訳ではないか。新型コロナウイルスの感染拡大で、直接取材は見合わせ、資料や書物による背景調査を進めていた。

文化院が完成させた一時間二八分のドキュメンタリー映像の他、童話と『調査報告書』の真新しい二冊が同封されていた。題名は『チョソンクッ女　朝鮮國女』で、『丁《チョン》酉《ユ》再乱《ジェラン》時に連行されたある少女の話』と小さく添えてある。「丁酉再乱」（倭乱《ウエラン》とも）は韓国での慶長の役の呼称で、「丁酉」は発生時の一五九七年の干支《えと》だ。

長髪で、瞳から涙をこぼす若い女性を描いた表紙の童話をまず開いてみた。ほぼB5判大で、全カラー。五五ページと随分長い。

文は、黒潮町の調査時に少し会話した女性のキム・サンヒさん。ドキュメンタリーの脚本も担当している。絵は挿絵画家のペ・チョロさん。わからない単語は飛ばして読み進める。

少女の名をミョンイと設定。南原市郊外の九仙洞生まれ。機織り技術に優れ、二〇歳のときには王宮の職人にもひけをとらなかった。南原城の戦いの際に小谷与十郎に連行され、船で土佐の上川口村へ。きぬという少女が傍らに付き、故郷が懐かしくなると、海を見晴らせる裏山の松の木のそばで泣いた。与十郎から息子との結婚を申し出られたが、「私を二度殺すことになる」と固辞した。

南原文化院が制作した『チョソンクッ女　朝鮮國女』の「ドキュメンタリー」と童話、『調査報告書』

近郷近在の人々に一つ一つ丁寧に真心を込めて機織りの技を教え、尊敬された。

時は流れ、暖かい春の日。鶴の背に乗って母親の元に還り、その懐に抱かれながら帰らぬ人となる――。叙情的な最期だ。想像を交えて物語が創り上げられている。

次にドキュメンタリーのDVDを視聴する。ヒアリングは苦手だが、セリフと同時に韓国語の字幕が出るので助かった。韓国は米アカデミー賞の作品賞を生むほど映像文化が優れており、ドローンを駆使した撮影は美しい。少女の故郷調査を依頼する福島敏雄牧師の手紙が、金注完《キムジュワン》文化院長の執務室に届く導入部は、ドラマチックでわくわくさせられる。

ただ、実際はメールで連絡し、手紙はスタッフに頼まれて後で撮影用に書いたと牧師から聞いていたので、苦笑いするしかなかった。郵便配達員のバイクを空から狙った映像も、牧師の手紙を運んでいることは事前にわかりようがないので、勘のいい人は演出だとすぐわかる。黒潮町内での調査の様子も、時間経過などが大幅に作り替えられていた。ドキュメンタリーではなく、ドキュメンタリー仕立ての作品だ。

金院長が文献調査の後に南原郷土博物館学芸研究員や郷土史学者らから聞き取りをした様子も映し出され、少女の故郷の可能性がある寿洞村では、男性里長（里は行政単位）からこんな言葉を聞き出していた。

「おばさんたちは一年一二カ月、休む日もなしに機織りをしていました」

両国関係の最悪な時期に、半年ほどの短時間で完成度の高い作品に仕上げたことには敬意を表したい。しかしながら、事実を軽んじて演出に走る姿勢はいただけない。事実を裏付ける聞き取りの場面にも、演出が紛れ込んでいるのではないかと疑念を抱かせてしまうからだ。

根拠は弱いまま

おやっと思ったのは、視点というか、何を大切に思うかの違いだ。

映像も童話も、少女の悲劇にばかり焦点が当たる。小谷《おだに》家の子孫が少女のお墓を作り、代々手厚く守ってきたことや、悲話が絵本になって読み継がれ、地域の子どもたちの理解が広がっているという日本側の動きが影を潜めている。お墓の前で、児童たちが朝鮮のトラジの歌を披露する場面もカットされていた。連行された捕虜の悲しい一例というだけではなく、それを申し訳なく思う日本側の反省と友好姿勢があってこそ、この活動の意義があると私は感じている。そういう想いを伝えたくて、書き続けている。

映像の中に韓国側の制作意図がうかがい知れる場面がある。

脚本家のキムさん。

「絵本『むくげの花の少女』は日本の視点で書かれていますが、私たちの歴史を基盤に書かないといけないと考えました。女性の悲劇的な人生を通して、過去に忘れられた歴史についてもう一度考える機会にしてもらえたら」

打ち合わせ会議では、金院長がこう訴えている。

「我が国の立場で見たものを、よりリアルに表現しなければならない」

確かに植野さんの絵本にはない秀吉軍の耳切り、鼻そぎが、韓国側の童話には《想像を超える残忍さ》として記されている。

長宗我部元親が南原城の戦いに参戦した根拠として、南原文化院の『調査報告書』で唯一挙げられている絵図

全カラーの一〇三ページにわたる『調査報告書』を開く。

《朝鮮國女　発掘調査事業》

二〇一九年度の「地方文化院源泉コンテンツ　発掘支援特化事業」（主催・韓国政府文化体育観光部、主管・韓国文化院連合会）として制作され、事業費は八〇〇〇万ウォン（八〇〇万円弱）とある。南原文化院の事業提案が採択されたようだ。

文化院連合会のホームページによると、全国に一六の市・道連合会と、南原を含む二三〇の地方文化院がある。地方文化院は市長や知事の認可を受け、主に市や郡単位で設立され、地域文化の発掘や収集、調査、活用、国内外交流などを行っている。

『調査報告書』には、基礎資料調査の結果が六ページ分収録されている。焦点は、長宗我部元親が南原城の戦いに参加したかどうかだが、その根拠として挙げられているのは一枚の絵図だけだった。

《資料から元親が南原城の戦いに参戦し、西門を担当したことを確認》

注釈から、『壬辰倭乱と秀吉・島津・李舜臣』にある倭軍の南原城包囲図（六五ページ）の転載とみられる。日本中近世対外関係史を専門とする北島万次《まんじ》さんの著書だ。この絵図には確かに元親の名がある。

また、郷土資料『湖南略図』などを引用し、セジョン里と寿洞里（寿洞村のことと思われる）に桑畑が多いことや、南原は古くから繊維の原材料となる桑、綿、麻などの栽培が盛んだったことを紹介している。そして本文の途中にしらっと書いてある。

《少女の故郷とはっきり特徴づけることはできない》

寿洞村に絞った確たる根拠は示されておらず、少女が南原から連行されたとしたら、寿洞村の可能性が高いと言えるに過ぎない。

体裁の整った『調査報告書』をため息とともに閉じる。

「小谷侍」の汚名

南原文化院の映像には、黒潮町の調査時に小谷《おだに》家から『小谷家四百五拾年』という資料が文化院側に渡される場面があった。内容が気になり、一族の小谷公夫さんに現物を送っていただいた。

そして、ありがたくない「小谷侍」という呼び方を知った。

二〇一九年秋に復刻されたばかりの私家版の冊子で、Ｂ５判の五二ページ。もともとは『中村町史・中村市史』の編集にも携わった中村（現・四万十）市の上岡正五郎さん（故人）が一九七三年にまとめたものだが、小谷家にはどの家にも残っていなかった。探したところ、上岡さんが晩年に寄付した原本が四万十市立図書館にあることがわかり、半世紀ぶりに製本化された。

上岡さんは小谷家に依頼され、代々年譜記録や累代家系図、安芸市井ノ口小谷家年譜書、長宗我部地検帳などを参考に執筆したが、上川口では初代与十郎（冊子では旧字体の「與十郎」表記）の時代など大火が二回あり、文書や宝物、武具などが一切失われ、それ以後の再調査や伝説記録に頼らざるを得なかったという。

読み進めて、勘違いに気づいた。旧版『大方町史』に与十郎が《安芸備後守の家臣》とあり、広島県から移り住んだとばかり思っていたが、《備後守》は、現在の高知県東部の安芸市を拠点とする安芸国虎のことだった。

土佐に来住した始祖が小谷正信。上岡さんは《室町時代中期以前》のことと考える。国元は不明だが、父は九州生まれ。闇討ちされた父の敵討ちに全国を転々とし、一人の潜伏先とみられる土佐を訪ね、住み着くことになった。

次の代で豪族の安芸氏に屈し、小谷家は小谷村を領地として家老職を受け継ぐ。戦国時代に入り、土佐統一を目指す長宗我部元親が安芸国虎を攻める際、国虎の家臣で、正信から七代目となる小谷四郎左衛門秀次が勝敗を決する「働き」をする。

元親が七〇〇〇の兵で岡豊《おこう》城（現・高知県南国市）を出発したのは一五六九年七月。太平洋沿い

■長宗我部軍の安芸城攻略ルート

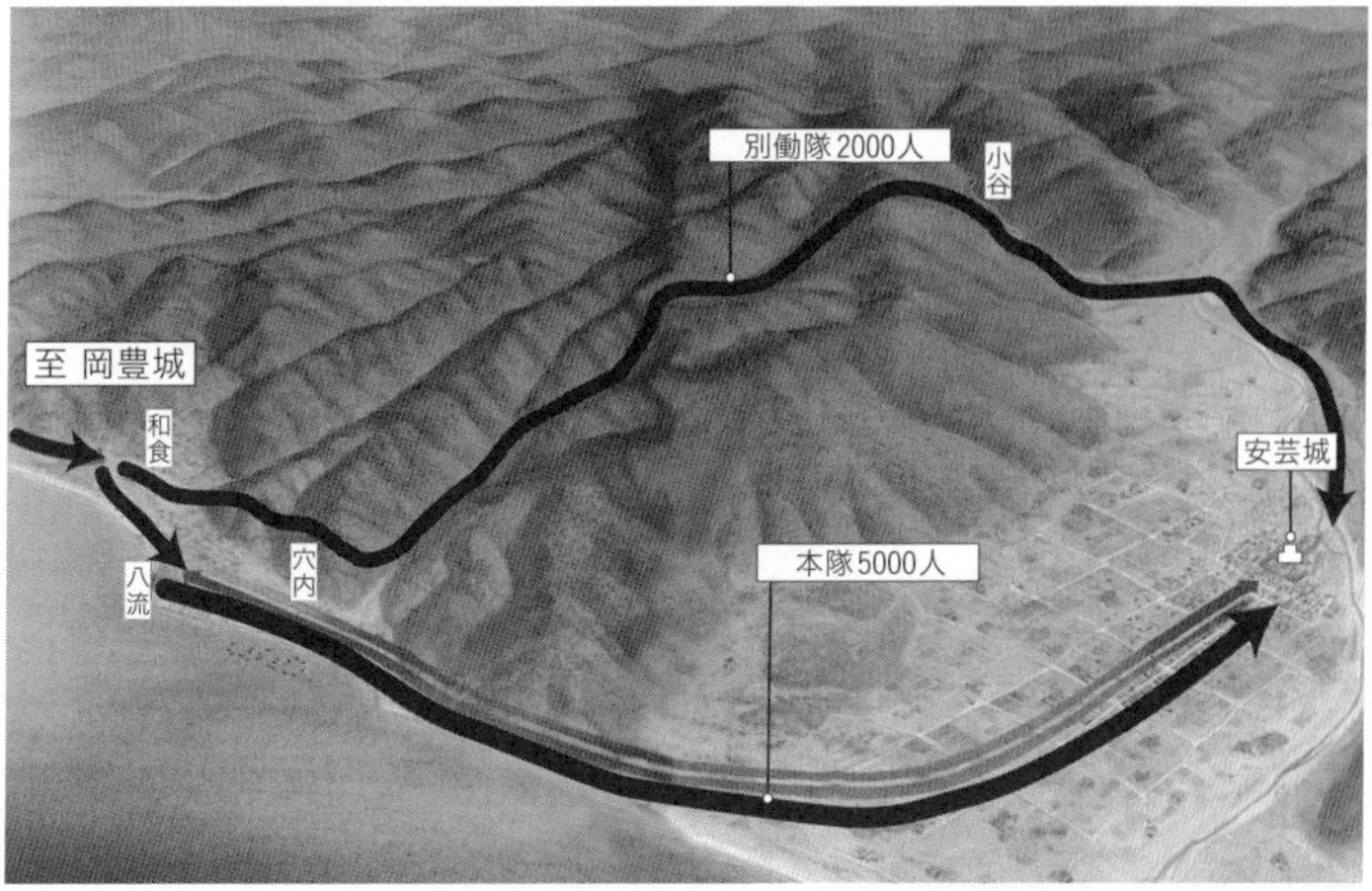

※『歴史群像シリーズ特別編集　長宗我部元親』より作成（一部は推定）

を東進し、安芸の手前の和食《わじき》（現・同県芸西村）で、国虎勢が守る金岡城を攻め落とした。

　ここでなんと《四郎右衛《ママ》門》らは元親軍に寝返り、二〇〇〇人の別働隊を山中の間道に先導する。現在も山間に地名が残る小谷を通過して安芸城の背後に引き入れ、海岸沿いを進んだ元親の本隊五〇〇〇人と挟撃した。二四日間籠《ろう》城《じょう》するも安芸城は陥落し、国虎は自害した。[1]

　家臣の裏切りを知った国虎は二人の側近武将に告げた。

「最後に彼等の首を見て心安く自害せばや」

　二人は探し回った。

「しゃつらが首取って御目にかけ候べし」

「小谷は何処にあるぞ」

　一緒に寝返った家老の一人、横山民部は《ひそかに城中の井水に鳩毒を入れ》た。[2]この民部の子孫が『フクちゃん』で知られる漫画家の横山隆一（一九〇九〜二〇〇一年）という。

年譜書は、四郎左衛門が勝利に貢献しながら、和喰村金岡（現・芸西村）で切腹させられたとし、《巷間《こうかん》伝える所によれば》と理由を記している。

《元親は旧主に叛《そむ》いた四郎左衛門に不審の念を抱き、将来我にも背くことあるやも知れずと切腹を命じたが、子供達は召抱えて立派に成長させたと云《い》う》

上岡さんは、小谷家が「家老」といっても高位ではなく、有力な家臣群の一人にすぎず、安芸氏から強い圧力とひどい仕打ちを受けていたことが、反逆行為につながったのではないかと推測する。

寝返った経緯から生まれたのが、「小谷侍」という末代を困らせる呼び方だ。昭和の時代になっても、安芸市の子孫は小学生のときに友人から「おんしゃ（お前・筆者注）、小谷侍ぞ」とののしられ、後ろから石を投げられことがあった。そんな逸話が引用されている。

さて肝心の与十郎だ。その名前を家系図から探すと、一〇代目の長蔵衛門の隣りにある。兄である長蔵衛門には《（安芸小谷）》、弟の与十郎には《（幡多《はた》小谷）》と付記されており、与十郎の時代に県西部の幡多に移ったことがわかる。《軍事或《あるい》は行政上の必要のために派遣される（元親の）直属的武士》と考えられるが、派遣理由は不明という。時期は、幡多を支配していた一条家が当地を離れた一五七四年から、検地調査があった八九年の間とみられる。

九〇年に完成した長宗我部地検帳を見ると、安芸では《四郎左衛門給地》として一般武士では極めて多い《七町近く》が記載され、譜代武士的に優遇されていた。一方、幡多の《与十郎》は《一町三反近く》を所有しており、「一町足らず」が一般的な一領《いちりょう》具足《ぐそく》（下級武士）としては多い方だった。元親の小谷家への信望が厚かったことがうかがえる。

上川口の小谷の家紋には、元親の家紋と同様、片喰《かたばみ》が使われており、主君から片喰紋を下賜された可能性があるという。繁殖力の強い多年草の片喰には子孫繁栄の願いが込められていた。

《四郎左衛門》と《与十郎》が、元親の安芸攻めから二〇年ほど後の検地時期に同時に実在しており、《四郎左衛門》は切腹させられた当人ではありえない。上岡さんは、四郎左衛門の子が同じ名前を襲名した可能性があり、与十郎の兄長蔵衛門ともみる。

年譜書には《与十郎》の項に朝鮮侵略の記載がある。

《朝鮮女二人を連れ帰り、一人は船中より海中に落ちて死し、一人は上川口カキノ木田に墓あり。朝鮮攻めは文禄元年（一五九二）、慶長二年（一五九七）二度有り》

文禄・慶長の役の両方に与十郎が出征したと上岡さんは解釈する。

《与十郎陣刀、鎧《よろい》、長宗我部モトチカのぢき筆》

むくげの花の少女を連行した慶長の役の後だろうか、元親から直筆の感謝状が送られたようだ。小谷家にとって家宝である、こうした品々が大火で焼失したに違いない。

一六〇〇年に長宗我部氏が滅亡し、山内一豊の入国によって、与十郎は給地を没収され一介の浪人になった。伝承では、上川口庄屋となり、村の長として税務や土地の登記事務、戸籍、軽度の司法などの業務に携わり、小谷家が庄屋を受け継いだとする。

与十郎が慶長の役で出兵したのは、幡多の上川口に移り住んで八～二〇年余してからとみられる。地元の産業の遅れを感じ、機織りのノウハウを知る人材を必要としたのだろうか。寝返った「小谷侍」という武士としては、屈辱的な呼び方を意識していたのだろうか。移り住んだ幡多の人たちにまで伝わっていたとは考えにくいが、自分の中では心理的な負い目となった可能性がある。元親の信望があったとはいえ、朝鮮侵略の際に功を挙げて汚名返上しようとしたのかもしれない。

（1）『歴史群像シリーズ特別編集　長宗我部元親』一七、六二、六三ページ
（2）『土佐物語』（『小谷家四百五拾年』二〇ページ収録）

11（십일）機織り上手な少女

皆殺しの南原城

手がかりの全くない、むくげの花の少女に周辺から近づけないだろうか。

《小西行長勇猛を震い、本所乗り破り、生け捕り千余、此の内女多し》

南原《ナモン》城の戦いについて、宇喜多秀家に属した武将の戸川逵安《みちやす》はそう伝えた。(1) 南原文化院の『調査報告書』も、連行された捕虜は一〇〇〇人余りと推定し、少女もその一人と考える。

秀吉は慶長の役の軍編成時に《老若男女僧俗ニ限ラズ（中略）普《あまね》ク撫切テ首数ヲ日本へ渡スベキ者也》と指示し、南原城の戦いの前後から鼻切り行為に転換した。(2) 南原城が陥落した翌日、軍監だった臼杵《うすき》（現・大分県）城主の太田一吉《かずよし》らは「惣頸数、都合三千七百二十六」と討ち取った首数を確認し、大将は首のまま、その他は「悉《ことごと》ク鼻ニシテ」「日本へ進上」した。(3)

南原城の悲惨な実態を伝える記録がある。

その太田の医僧として従軍した浄土真宗の僧、慶念《きょうねん》が残した『朝鮮日々記《にちにち》』。慶念は六二歳という高齢ながら渡海し、九カ月間に目の当たりにした激戦場のありさまを和歌とともに綴った。『四百年の長い道』（五〇～五二ページ）から内容を引用する。

《（一五九七年八月）六日、野も山も城は申すに及ばず皆々焼き立て、人を打ち斬り、くさり竹の筒にて首を縛り、親は子を嘆き、子は親を尋ね、哀れなる躰、初めて見侍る也。

野も山も焼き立てに呼ぶ武者の声、さながら修羅のちまた成けり

八日、高麗人の子供をば絡め取り、親をば打ち斬り、二度と見せず。互いの嘆きはさながら獄卒の責め成りと也》

南原城の戦いで犠牲になった約１万人が眠る「万人義塚」＝韓国南原市、福島牧師提供

南原城に向かう道中に民間人を殺害し、生け捕り、財産を奪い取り、町や村をことごとく焼き尽くしたことが記されている。朝鮮では、戦いが始まると、民間人もみな城に避難するのが常で、一五日に落城すると皆殺し状態になった。

《一六日、城の内の人数男女残りなく打ち捨て生け捕るものはなし、されども少し取り返して有る人も侍りき。

無残やな、知らぬ浮世の習ひとて男女老少死して失せけり》

南原市には「万人義塚」がある。

全羅北道国際交流センターのホームページによると、殉死した民・官・軍の約一万人の義士たちの護国の魂が眠る。（五万六八〇〇人の日本兵に対し）一〇〇〇人の朝鮮兵と三〇〇〇人の明兵が南原城を守り、八月一三～一六日（日本暦一二～一五日）の夜まで激しい戦闘を繰り広げたが、衆寡敵せず城民六〇〇〇人以上を含む約一万人全員が殉死したとされる。

南原郷土史学者のハン・ビョンオクさんは南原文化院の『調査報告書』の中で、陥落した一六日（日本暦一五日）が、朝鮮民族にとっては先祖の墓参りをするとりわけ重要な秋夕《チュソク》の翌日だと指摘する。

日本暦の「八月一五日」も、別の意味で大切な日だ。

軽き捕虜の命

捕虜は常に人道的に待遇しなければならない。抑留国の不法の作為又は不作為で、抑留している捕虜を死に至らしめ、又はその健康に重大な危険を及ぼすものは、禁止し、且《か》つ、この条約の重大な違反と認める。

ジュネーブ条約第三条約第一三条抜粋（一九四九年）

捕虜の待遇を定める、こうした国際条約がなかった当時、秀吉軍の捕虜はどんな扱いをされたのだろうか。

南原城陥落後に捕虜となり、後に帰国を果たした儒学者の姜沆《カンハン》（一五六七〜一六一八年）。日本で見聞きした三年足らずを密かに記した『看羊録《かんようろく》』が残る。朝鮮南西部の全羅南道仏甲《ブルカプ》の生まれ。七歳のときに『孟子』を一晩でそらんじ、二〇代半ばで科挙に合格した。慶長の役を翌年に控えた一五九六年冬、法律や訴訟などに携わる刑曹佐郎の要職に就いたが、帰省中に秀吉軍に連行された。

帰国後すぐに漢城（現・ソウル）に呼ばれ、国王の宣祖《ソンジョ》に日本の情勢を報告して称賛された。

死後に門人が編集・発行した『看羊録』は幅広く読まれたが、植民地期に没収・焼却処分され、原刊本は希少となっている。在日コリアン一世の朴鐘鳴《パクチョンミョン》さん（故人）の訳した日本語版が出版されている。副題は『朝鮮儒者の日本抑留記』。朴さんの寄贈本が渡来人歴史館にあった。

「賊中封疏」（賊中からの上奏文）。捕虜の身という「賊中」から朝鮮のある西に向かって慟哭《どうこく》し、謹んで宣祖王に申し上げるという書き出しで始まる。連行された経緯を説明して、謝罪している。《朝廷を辱しめることになり、罪は逃れようもありません》

朝鮮が再侵略され、九七年の五月に明の将軍《楊総兵》（正しくは「副総兵」）が三〇〇〇の兵を率いて、全羅北道南原に南下した。三〇歳となる文官の姜沆は休暇を取り、父の元で農作業をしていたが、朝廷の指示で南原に派遣され、軍糧を運搬する監督役を務めた。

八月中旬に南原城が陥落した。父と兄弟、家族を船に乗せ、半島の西海岸沿いに逃げようとしたが、父の乗った船と別れ別れになり、九月二三日に倭（日本）船に捕まえられた。幼子の竜《リヨン》と妾の娘、愛生《エセン》は水際に打ち捨てられた。泣き叫ぶ声が耳に痛々しかった。

翌日、務安《ムアン》県の島に着くと、数千艘の賊船が停泊し、船の両側には屍《しかばね》が山のように積まれていた。通訳に聞くと、捕まえたのは藤堂高虎の水軍の信七郎という。その夜、妻の父が縛《いましめ》を解き、裸で海に飛び込んで逃げようとしたが、失敗に終わった。一家はさらにきつく縛られ、手と背中が亀の甲のように破れ、大きな腫れ物になった。

通訳に聞いた。

「なぜ殺さないのか」

「（木綿で編んだ）糸笠《しりゅう》をかぶり、衣服は暖かいので、官人であろうと考え、日本に連行するつもりなのです。だから監視が厳しいのです」

《一息でもついて生きながらえるよりは、一万回も死ね方が易しい。しかしながら、体はきつく縛られていて、［死ぬことすら・訳者注］自由ではなかった》

何度も逃亡を試み

船は全羅南道順天《スンチョン》に着く。捕虜を乗せた船は一〇〇余艘に及んだ。九日目に初めて一椀の飯が出た。

傍らの船で女の子が泣き止み、夜中に歌をうたった。

《その歌声は玉を裂くようであった。一家が滅亡してしまって以後、両眼［の涙］も枯れはてていたのが、この夜、衣の袖がみな［涙で］湿ってしまった》

翌日、すれ違う賊船から女の声がした。娘を水際に捨てられた姜沆の妾だった。毎晩、倭兵に乱打されても慟哭を止めず、食べることもせず、ついには死んでしまった。八歳になる兄の子は飢えて塩水を飲んで病気になり、海に投げ込まれた。

一行の船は慶尚南道の安骨浦《アンゴルポ》を出発し、一〇月初めに対馬（現・長崎県）に至り、壱岐（同）、

■儒学者・姜沆の連行ルート

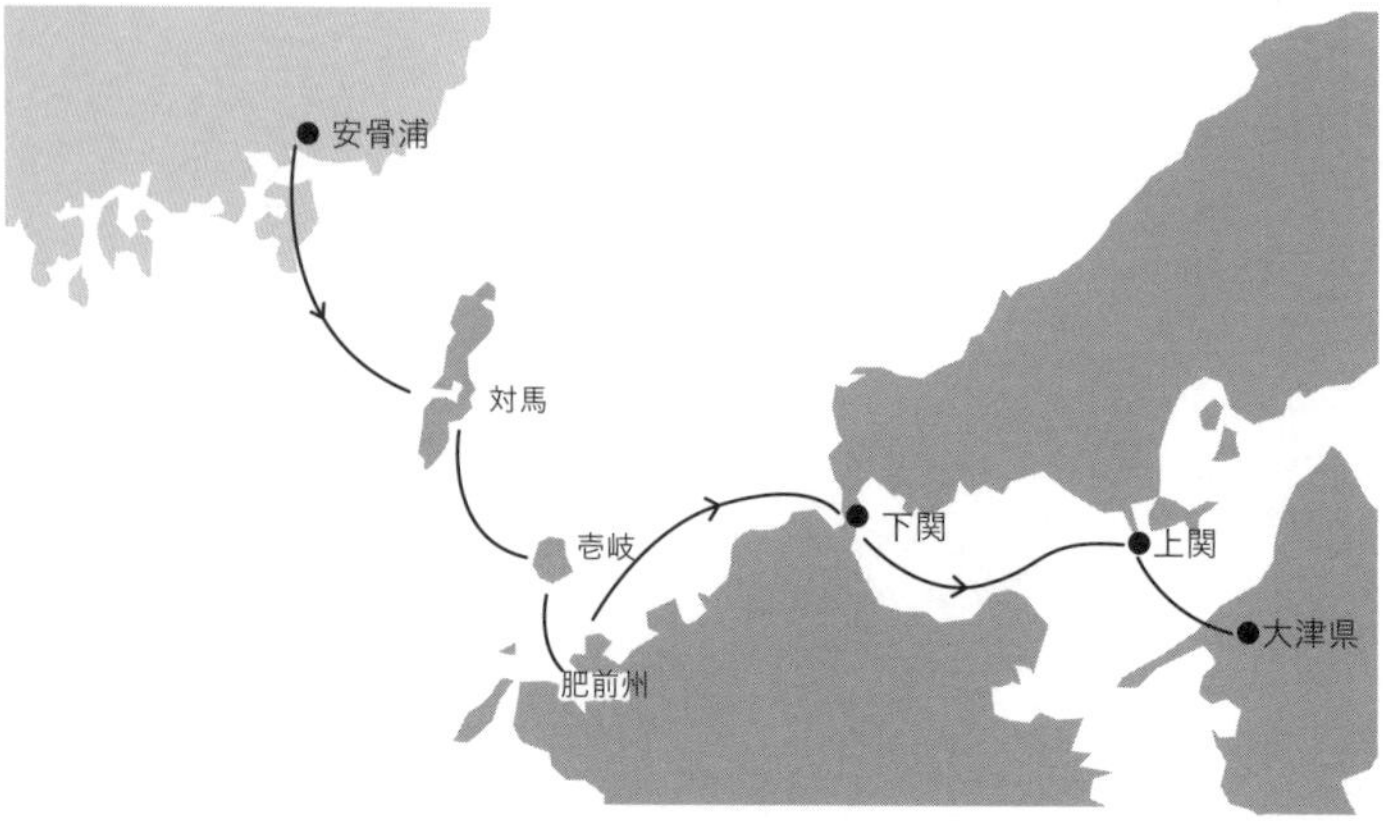

肥前州（現・佐賀、長崎県）、下関、上関（ともに現・山口県）と一晩ずつ移動し、高虎の拠点である伊予の大津県（現・愛媛県大洲市）に到着した。

連行された者は一〇〇〇人余りにも上り、朝晩泣き叫んでいた。先の文禄の役で連行された捕虜は、帰国の計画も立てられず、

《半ば倭［人］になってしまっていました》

年が明けて九八年早々、二人の兄の子ども二人が病死した。四月末に捕虜仲間と逃走するも、翌五月末に板島（現・同県宇和島市）で見つかり、連れ戻される。六月には京都・伏見に移送され、軟禁中に藤原惺窩《せいか》に朱子学を教える。惺窩は後に日本の近世儒学の祖と評された。

翌九九年には、秀吉の廟《びょう》の門に落書きをし、惺窩の忠告を受ける。儒学の経典を筆写して入手した銀銭で船を購入し、逃走を図るがまたも失敗した。年末に同胞に頼まれ、京都の耳塚供養の哀悼文を書いて法事を

営んだ。惺窩らの奔走で、翌一六〇〇年二月に釈放が決まり、五月一九日に釜山に着く。帰国後は「罪人」として、政事からは距離を置き、郷里で後進の指導に尽力し、生涯を終えた。五一歳を迎える年のことだ。

＊

幼子の命が虫けらのように扱われていた。むくげの花の少女の連行時の年齢は不詳だが、指導できるだけの機織り技術を持ち合わせていることから、一〇歳代後半ではないだろうか。その技術に利用価値を認められ、道中で幼子のように見捨てられることも、病に見舞われることもなく、土佐まで送り届けられた。同時に連行された二人の少女は逃走・死亡したと伝えられるが、見知らぬ土地で生きながらえ、無事に故郷にたどり着いた可能性は限りなく低かったろう。逃げられなくても、逃げることができても、哀しき望まぬ人生が待っていた。

少女の生涯

少女が連行された一六世紀末は、五〇〇年続いた朝鮮王朝が始まって二〇〇年ほどした頃だ。王は一四代の宣祖。朝鮮時代は激しい身分制度があった。科挙に合格した両班《ヤンバン》と呼ばれる一握りの官僚の下に、通訳や医師など実務職の中人《チュンイン》、その下が農工商の常民《サンミン》で、大半は農民。最下層は賤民《チョンミン》。そのほとんどが奴婢《ノビ》で、財産として売り買いされ、朝鮮王朝初期は馬一頭分よりはるかに安かった(4)。

朝鮮南部の農村で暮らしたむくげの花の少女。南原市郊外の寿洞村だろうか。当時一七歳と仮定して、想像してみよう。

長い黒髪は美しく、透き通るような肌をしていた。

アボジ（父親）は桑畑農家。兄弟や親類の男たちは皆農作業を手伝い、当家で生まれた娘たちは機織り技術をオモニ（母親）やハルモニ（祖母）から習い、女たちは機織りにいそしんだ。集落に住む農民は多くが桑畑農家で、集落内に蚕の飼育場や機織り機が並ぶ共同の作業場があった。

農民は公田や両班の私有地を耕作し、収穫の一部を税として国家や地主に納めた。地域の特産物を差し出す貢納という税もあり(5)、少女の家庭は織物を納めていたろう。

寿洞村なら、大半が崔《チェ》氏という。女性には下の名前がなかったかもしれない。農村の女性は、書堂《ソダン》と呼ばれる寺子屋には縁がなく、ハングルも読めなかった。

一七歳といえば、今なら高校二年生。あなたの娘さんや、お孫さん、妹さん、同僚や知人の娘さんと同世代だ。結婚が早い時代だが、誓い合った人はいたのだろうか。貧しいながらも家族と隣近所で助け合い、笑顔で幸せの日々を送っていた。

ある日、その静かな農村に殺傷を繰り返してきた倭奴《ウエノム》（日本人に対する蔑称）の侍たちが集団で押し寄せた。南原城から一〇キロほど北西にある寿洞村なら、城の陥落後のことだろう。二、三日前に秋夕の行事を終え、共同作業場で機織り機を作動させていた少女ら三人が無理矢理に腕をつかまれ、力ずくで引っ張っていかれる。

「アイゴー」「アイゴー」

泣き叫ぶ声。アボジや男たちが駆けつけ、侍の前に立ちはだかったが、日本刀で斜めに斬られ、周囲の壁に鮮血が飛び散った。

先の壬辰倭乱（文禄の役）で、全土を荒らし回った倭奴が再び侵攻したことは、風の便りで農村にも届いていたのだろうか。

いつもと同じ朝を迎えながら、恐怖に怯える孤独な夜を送ることになった。戦地を連れ回され、おそらく釜山で、乗ったこともない船に乗せられ、船底に閉じ込められ、荒れる日もある玄界灘を越え、六〇〇キロほども離れた異国の村に連れて来られた。若い心は恐怖や絶望でいっぱいだったろう。愛する人もアボジもオモニもきょうだいも友人もおらず、心細かったろう。言葉さえわからず、自分の意志も伝えられない。日本食は口に合ったろうか。文化も風土も習慣も気候も違う。心を開ける相手はいたのだろうか。

朝鮮侵略では、黒潮町の一帯でも従軍させられた漁師や農民の犠牲者が多かったとみられる。当時の住人の多くは農漁民だ。戦地の朝鮮から来た少女を、どんな視線で迎え、どんな思いで接したのか。友好的な話しか伝わっていないが、夫や子の命を奪った戦や朝鮮という土地に複雑な思いを抱いていた住人もいたに違いない。だからこそ、少女は機織りの技術指導に心を砕き、人一倍愛されようと努めたのだろうか。

手のきき候おんな

《丁酉倭乱（慶長の役）における三南地方（慶尚、全羅、忠清道）の被虜人（捕虜）は、壬辰倭乱に十倍す》

慶長の役で阿波（現・徳島県）の蜂須賀家政に捕らえられた鄭希得《チョンヒドゥク》は『月峯海上録』にこう記す。(6)

明への侵攻を想定した先の文禄の役では、前線将兵の兵站《へいたん》を支えるため、朝鮮士民は居住地へ戻らせ、農業などの生業に復帰させた。(7) 実際には朝鮮人の連行はあったものの、少なくとも当初段階は厳に戒められていた。ところが、朝鮮半島南部の支配をもくろんだ慶長の役では方針が大きく転換し、(8) 捕虜の連行が奨励された。

《一、其の国にて、先年より当年まで取り置き候朝鮮人の内、手のきき候おんな、細工仕るものこれ有るに於いては、進上致すべく候、此の御朱印おのおのへ相届くべく候（略）》

（『東京大学史料編纂所影写本』の『下川文書』）

秀吉が前線の加藤清正に発した朱印状だ。南原城の戦いから三カ月半後の一五九七年一二月朔《つい》日《たち》（一日）付。各武将から報告を受け、こうした朱印状を通じ、配置や築城など今後の作戦を指示していた。

この項目の前には、清正が清州《チョンジュ》付近で拘留した国王の近親者を年明けに日本へ送致するよう命じた他、鷹や鶴などとともに、拘引した朝鮮人のうち、二人の《てるま》（身分の高い家のお坊ちゃま）が息子の秀頼に、一人の《かくせい》（若い一般女性）が政所《まんどころ》に進上されたことも記されていた。一一月末の朱印状でも、《手の聞き候女《ママ》》などの他、《ぬいくわん》（縫官）も日本へ送るよう指示しており、捕虜に対する秀吉の関心の高さがうかがえる。(9)

捕虜に関する朱印状は各武将に出されており、(10)長宗我部元親も目にしたはずだ。機織り技術に優れたむくげの花の少女は、間違いなく《手のきき候おんな》であり、《ぬいくわん》だろう。一武将の気まぐれではなく、政権トップの方針に沿った生け捕りだったと言える。

朝鮮侵略の捕虜の研究で知られる歴史学者の内藤雋輔《しゅんぽ》さん（故人）によると、日本に連行されたのは学者や宗教家、医師、陶芸家、妻妾《さいしょう》、雑役を担う奴僕《ぬぼく》など計二万〜三万人とし、帰国できたのは、徳川家光将軍時の一六四三年までの四三年間に七五〇〇人とする。(11)一方、米谷均さんは、帰国人数について重複計算した分を除き、六一〇〇人程度と想定する。(12)

内藤さんは帰国しなかった理由として、本人の意志や日本人との結婚、職業の安定などを挙げる。南原文化院の『調査報告書』は日本側の協力が得られなかったことに加え、朝鮮朝廷が捕虜を差別・蔑視したことを挙げる。幼くして連行されて自分の身分がわからない場合、朝鮮に戻れば、奴婢並みに扱われる可能性があったと文献を元に説明する。

■刷還使を含む朝鮮通信使の主な経路

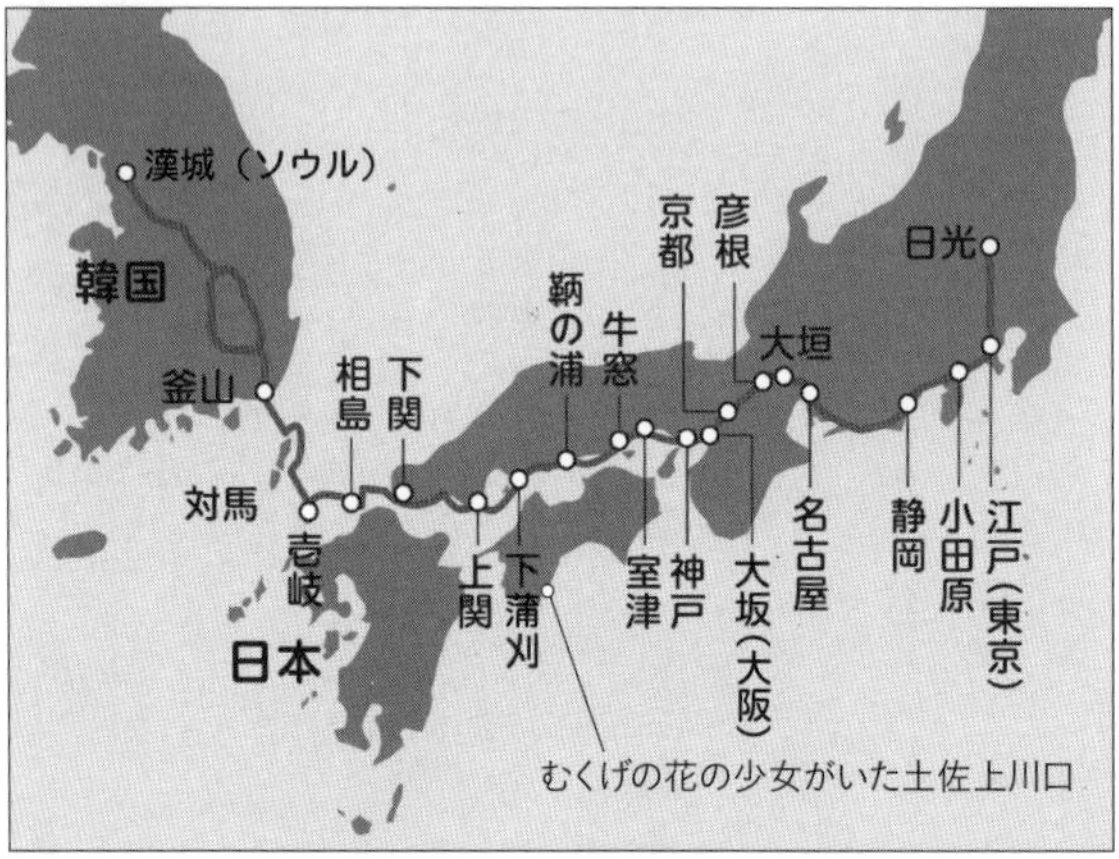

帰国を拒否した捕虜は相当数いて、同胞からの帰国の誘いを断ったり、朝鮮使節一行に面会しながら、いざとなると姿を消したりする人も多かった。秀吉軍に協力した人や、家族を持って日本社会にある程度適応した人もいたとみられる[13]。

帰国を生涯願い、結婚の申し出も拒んだむくげの花の少女に帰国する機会はなぜ来なかったのか。機織り技術が地元に重宝され、手放せられなかったのだろうか。集落に溶け込み、分かちがたい不可欠の存在になっていたのかもしれない。捕虜を帰国させるために朝鮮から刷還使が三回派遣されたものの、その上京経路は瀬戸内海を船で東進し、大坂から陸路をとったので、少女のいた土佐西部からはあまりにも遠かった。

（1）『戦争の日本史16　文禄・慶長の役』一九八ページ

（2）『秀吉の朝鮮侵略と民衆』四〇ページ

(3)『天下統一と朝鮮侵略』四四四ページ
(4)『中・高校生のための朝鮮・韓国の歴史』一三五〜一三八ページ
(5)『同』一三六ページ
(6)『秀吉の軍令と大陸侵攻』三三八ページ
(7)『戦争の日本史16　文禄・慶長の役』四八、四九ページ
(8)『秀吉の軍令と大陸侵攻』三三一ページ
(9)『同』三一九〜三二一、三二六ページ(『下川文書』は同書から)
(10)『同』三三〇ページ
(11)『捕虜志による秀吉朝鮮の役』(https://core.ac.uk/download/pdf/143642105.pdf)
(12)『文禄・慶長の役(壬辰倭乱)』(https://www.jkcf.or.jp/wordpress/wp-content/uploads/2019/11/1_1_2j.pdf)
(13)『戦争の日本史16　文禄・慶長の役』二九六ページ

12(십이)　少女はどこから

大きな宿題

大きな宿題が残っていた。

朝鮮侵略で二回とも三〇〇〇の兵を率いた長宗我部元親。少女を連行した慶長の役では、どの

ルートで侵攻したのか。元親クラスの大名の侵攻ルートがわかっていないとは思いもせず、南原城への参戦を疑いもしていなかった。

まずは南原城を各大名が取り囲んだ絵図のコピー。姜健栄さんがネットで見つけ、大津支局を訪れたときにいただいた。西面に島津義弘、加藤嘉明らとともに元親の名前も記されていた。出典は不明だが、北島万次さんの著書の包囲図と内容が一致している。

姜さんが現地で得た証言も大きかった。

二〇一八年一二月末、少女の故郷として浮上した南原市郊外を訪れ、寿洞村のすぐ南にある桂《ケ》洞村《ドンマウル》で朝鮮侵略について尋ねて回ると、文化会館の管理人の年配女性がこう答えた。

「祖父から、二人の機織り少女が秀吉軍に連行されたと聞いております」

ただし、機織り職人が住んでいたのは、桂洞村ではなく、寿洞村という。

決定打に思えたのは、南原文化院が現地調査をして「ほぼ間違いない」と判断したことだ。後でその『調査報告書』を見て、元親勢が南原城の戦いに参戦したことも、寿洞村から少女を連行したことも、根拠の弱いことを知ることになる。

研究者に尋ねてみよう。ネット検索をして、慶長の役の長宗我部氏の動向などを研究している学者を見つけた。それも少女の「お膝元」の高知で。高知大学人文社会科学部の津野倫明《ともあき》教授(一九六八年、高知県生まれ)。一連の経緯を紹介した『かわら版』を同封し、元親の侵攻ルートについて尋ねる手紙を研究室に送った。

二日後、携帯電話に連絡が入った。

「長宗我部軍は南原城の戦いに参戦したというのが通説でした」

津野教授はまずそう言った。

元親らが南原城を取り囲んだ島津氏関係の史料にある図が根拠とされ、朝鮮侵略研究の第一人者とされる北島万次さんもそう考えた。それに異を唱えたのが、電話の主である津野教授だった。秀吉の朱印状を基に、黄石山《ファンソクサン》城の戦いに参戦していたことを、二〇一二年に上梓した『長宗我部氏の研究』で紹介した。ところが、北島さんは、その後に出版した『秀吉の朝鮮侵略と民衆』で南原参戦説を維持したままだったという。一八年に他界し、その真意は不明だ。

早速、ネットの古本屋で『秀吉の朝鮮侵略と民衆』を入手した。ソウル大学奎章《キュジャンガク》閣文庫所蔵の海軍地図を基に作成した南原城包囲図が掲載されている（三八ページ）。城を中心に周囲の道路や山、建造物などが立体的に描かれている。城の周囲の四方向は地図がくり抜かれ、そこに配置された武将名と軍勢の人数が日本語で付け加えられている。城の西面に島津義弘らとともに《長宗我部元親（三千人）》とある。注釈部分を除き、南原文化院の『調査報告書』に引用された絵図（一六〇ページ参照）と同じものだ。

津野教授の著書は七五〇〇円（税別）と高価だ。検索すると、京都府立図書館（京都市左京区）にあった。持ち出し禁止ではない。

自宅から平安神宮近くの図書館まで五・四キロを歩いた。二〇年春、新型コロナの影響で満開の桜を楽しむ人がいない。観光公害とも言われた外国観光客の姿も見かけない。それでも、鴨川の河川敷に降りると、鳩に餌をやる親子連れが歓声を上げていた。

元親「ルーツの地」

本題に入る前に、長宗我部元親（一五三九〜九九年）のルーツについて触れておきたい。

太平洋の彼方を見つめる坂本龍馬像。高知市の桂浜は、年間七〇万人前後が訪れる高知県有数の観光名所だ。市街地から南に一〇キロあまり離れており、車やバスで向かうことになる。あと少しで太平洋という長浜地区の県道沿いで予想外なものを目にするだろう。

元親の初陣の銅像だ。五メートル以上もの長い槍《やり》を右手に携え、力強く開いた左手を、足元に描かれた四国の地図をつかまんとばかりに突き出している。最初に見たときは圧倒された。戦国武将ブームの最近は、龍馬よりこちらが目当ての人もいるだろう。

実はこの一帯は元親ゆかりの場所なのだ。少し手前の木々がこんもりと茂る高台が長浜城跡で、この城をめぐる「戸ノ本の戦い」（六〇年）が元親の初陣だ。槍の使い方もまだ知らず、重臣に「槍というものは、敵の目を突くものと心得られよ」と教えられての出陣だったが、予想外の戦果を挙げた。(1)

城跡の山すそにあるのが、元親を主祭神とする秦神社《はだ》だ。カラーの肖像画「絹本《けんぽん》著色長宗我部元親像」が社宝として残る。問い合わせると、

「国の重要文化財ですから、当神社にはございません」

高知県立歴史民俗資料館（南国市）に寄託されており、文化庁のサイト「文化遺産オンライン」(2)で画像を確認できた。元親の葬儀の際に四男盛親《もりちか》が制作したものだ。肖像画上部に書き込んだ賛文から経緯が判明したという。

勇壮な銅像の姿しか知らない身には、ひげ面の細面の容貌《ようぼう》は意外な感じが強い。もっとも、幼少の頃は色白で柔和な性格で、「姫若子《ひめわこ》」と呼ばれていた。(3)

なぜ秦神社という名称なのか。

高知大学教授などを務めた日本史学者の山本大《たけし》さん（故人）は、著書『長宗我部元親』の中で、先祖については伝承に覆われているとしながらも、以下の通説を紹介する。

秦《しん》の始皇帝の子孫が渡日して「帰化」し、仁徳天皇時代に波多《はた》姓を賜った。推古天皇の頃、秦河勝《はたのかわかつ》が山城国（現・京都府）葛野《かどの》郡を領し、太秦《うずまさ》の地を開いた。河勝の子孫が信濃国（現・長野県）に移り、二六世の孫、能俊《よしとし》の代に土佐に入ったと伝えられる。秦氏は渡来人の中でも最有力氏族で、畿内を中心に、東は常陸《ひたち》（現・茨城県）、下野《しもつけ》（現・栃木県）から西は北九州筑紫（現・福岡県）にまで及んだ。

種々の説があるものの、山本さんは、その先祖が地頭クラスの豪族で、鎌倉時代初期に土佐に移ったという説を肯定し、秦能俊が長岡郡宗部《そかべ》郷に住み着いてから、地名をとって宗我部氏を称したとの説を紹介している。宗我部氏は二流あり、香美郡（現・香南市など）にある方を香宗我部、長岡郡の方を長宗我部としたという。元親と盛親父子は「秦氏」を称しており、秦氏の子孫であるという意識は早くからあったようだ。

秦氏が秦の始皇帝の子孫という説は、平安初期の『新撰姓氏録《しんせんしょうじろく》』にも記載され、かつては有力とされたが、古代史研究の第一人者、上田正昭さんは異議を唱える。祖先を中国に求めて権威づけしようとしたもので、直接の古里を中国とするわけにはいかないとする。「秦」は「ハタ（ハダ）」のあて字で、韓国慶尚北道の古い地名「波旦」(4)を基に、新羅系と判断する。(5)

そうであるなら、元親にとって朝鮮侵略は、自身の系譜を継ぐ地に侵攻し、系譜を継ぐ人たちと相まみえたことになる。

一五八五年春に四国統一を果たしたとされる元親だが、その夏に四国攻めの秀吉の軍門に降り、讃岐など三国を差し出すことで土佐一国の領有が認められた。朝鮮には二回とも三〇〇〇の軍勢を率いて多くの命を奪い、領地の役に立つと見れば、むくげの花の少女をはじめ、技術者たちを連れ帰った。

戦国の世からほどない時期とはいえ、やるせない気持ちを禁じえない。

どこを侵攻したか

津野教授の『長宗我部氏の研究』を図書館で借り、長宗我部家の家紋が飾る表紙をめくる。《慶長の役における長宗我部元親の動向》と題し、一つの章（第五章）が充てられている。

元親の三〇〇〇の部隊が釜山に到着したのは、一五九七（慶長二）年七月七日。秀吉が出兵拠点として築いた名護屋城（現・佐賀県唐津市）、対馬を経て朝鮮入りした。元親勢は軍事動員力のポテンシャルが高く、《水陸両用の性格》を持たされていた。文禄の役に続き、慶長の役でも水軍としても活躍した。本格的な緒戦となる七月中旬の巨済島《コジェド》海戦にも参加し、勝利に貢献した可能性が高いとする。

八月に秀吉軍の陸上部隊は二手に分かれ、右軍は陸路を北上し、左軍はしばらく海路を西進した後、陸路へ。中旬に右軍は黄石山城の戦い、左軍は南原城の戦いにそれぞれ臨む（一〇ページ地図参照）。

両軍は勝利し、さらに北上して全州《チョンジュ》で合流する。水軍も加わり、元親をはじめ、左右両軍の諸将が一堂に介して全州会議（軍評定《いくさひょうじょう》）を二六日に開いた。忠清道《チュンチョンド》への北侵に向け、陸上部隊を三つに再編することを多数決で決めた。

史料を基にした元親のその後の動向――。

再編成された右軍に所属し、全州から北上し、全羅道《チョルラド》最北部の珍山《ジンサン》まで進撃した後、今度は南下して九月一六日の井邑《チョンウプ》会議に臨んだ。その後、古阜《コブ》、羅州《ナジュ》と全羅道西部を転戦し、一〇月下旬に半島南東部の慶尚道《キョンサンド》泗川《サチョン》に入り、越冬の駐留拠点となる倭城の普請に携わった。

完成間近の蔚山《ウルサン》倭城が明・朝鮮軍に包囲されたため、翌九八年一月二日、四男盛親とともに船三〇艘余りで蔚山へ。他の諸将も集結し、包囲は四日に解除された。このとき、一六〇人の元親勢は水軍の「船手」に編成された。

旧参謀本部が朝鮮侵略を分析した『日本戦史朝鮮役』は元親の帰国をその年の五月と示唆し、元親は翌九九年五月に病死する。

余談だが、蔚山倭城での極寒の籠城《ろうじょう》では、食料や水が尽き、雨や小便を飲むほどだった。(6) 餓死者の相次ぐ城内に現れたのが、日本から独自の船団を仕立てて現地入りした水商人や米商人で、「米五升で黄金一〇枚」などと破格の額で売りつけていたとの記録が残る。(7)

南原城か黄石山城か

問題は、釜山から北上した際、元親が黄石山城の戦いに参戦した右軍だったのか、南原城の戦いの左軍だったのか。

全羅道南原は慶尚道へ通じる軍事・交通の要衝で、南原城の戦いは八月一二～一五日。宇喜多秀家、島津義弘、小西行長らの左軍が攻め入り、明・朝鮮軍が守備を固める城を陥落させた。明の副総兵の楊元は真っ先に逃走し、朝鮮軍は全滅した。

一方、新たに指摘があった黄石山城の戦いは、南原城の戦いとほぼ同時期の一四～一六日。慶尚道咸陽《ハミャン》郡に位置し、全羅道との道境にある、やはり軍事・交通の要衝で、毛利秀元、加藤清正らの右軍が攻略した。南原城からは北東に四〇キロほど離れている。

再び『長宗我部氏の研究』を開く。

第五章の《はじめに》にこうある。

《（元親が）右軍・左軍のいずれに属していたのかについてさえ定説をみない》

『日本戦史朝鮮役』は、元親を右軍とする。右軍は毛利秀元を「将」とし、加藤清正、黒田長政、鍋島直茂父子らが属する一方、宇喜多秀家を「将」とする左軍には小西行長、宗義智《そうよしとし》、蜂須賀家政、島津義弘ら、別に水軍として藤堂高虎、脇坂安治らの名を挙げている。

これに対し、北島万次さんは元親を左軍とする。左軍として大将の宇喜多秀家をはじめ、小西行長、島津義弘、加藤嘉明、蜂須賀家政らの名前を著書で紹介している。

元親を除けば、左軍を構成する諸将はほぼ一致している。

そのうえで、津野教授は元親の右軍説を採用する。

教授は『日本戦史朝鮮役』に引用された九月二二日の朱印状[8]に注目した。秀吉が、黄石山城の戦功を伝えた注進状などを見た後に出したもので、その「宛所」には、毛利秀元や黒田長政、加藤清正らに交じって、元親と盛親の父子の名がある。

《注進状などは宛所の諸将によって作成されたはずで、これら諸将は行動をともにしていたとみなされる》

非常に説得力があるが、元親の側近や同行者が日々の動向を書き綴るなどした直接的な史料ではない。相反する史料がある以上、決着とはいかないのではとも感じた。

可能性は無限に

さらに北島万次さんの『秀吉の朝鮮侵略と民衆』を読み進め、「う〜ん」とうなってしまった。李舜臣将軍の『乱中日記』が紹介されており、一五九四年四月、元捕虜だった近衛軍と正軍の兵士ら一六人の朝鮮人男女から日本軍の様子を聞いたとある。見張り番が酒を買いに出たすきに巨済島の日本軍営から逃げ出し、朝鮮水軍の伏兵船に拾われた。

問題はその連れ回された行程だ。前年七月に日本の兵卒に捕らえられ、巨済島の戸田勝隆や元親らの陣にそれぞれ五日程度留置された後、対岸の熊川《ウンチョン》、釜山をたらい回しに移送・転売された。そして《捕らえられた人は転売される》とある。(9)《転売》の二文字に釘付けになった。

こうした捕虜の転売・売買が常態的に行われていたとしたら、むくげの花の少女についても、その可能性は否定しきれないのではないか。伝承では小谷与十郎が直接連行したとされるが、元親が侵攻していない地域で別の武将に捕らえられ、後で与十郎に転売されたのかもしれない。

そう考えていくと、可能性は無限にある。

捕虜の売買には、日本商人も暗躍した。太田一吉に同行した僧の慶念は九七年一一月、慶尚道蔚山で人買いに奔走する商人の姿を書き残している。将兵が生け捕った老若男女を買い集め、《さる(猿)をくくりてあるくごとくに》首を縄で結わい、背後から杖で急き立てながら移動していたという。(10)

元親は黄石山城の戦いに参戦した可能性が高いように思える。そうだとしても、その際に連行してきたとは言えない。さらに転売されてきた可能性も捨て切れない。

同時に南原市から連行された可能性がないとも言い切れない。当地には機織り少女が連行されたとの伝承も残っている。そうであれば、交流の扉を開こうとしている南原文化院の想いは尊重したい。それに応えようとする小谷家ら日本側の想いもある。

「一万人」が犠牲になった激戦の地であり、「一〇〇〇人規模」もの住人らが連行された全羅道の一都市が、捕虜の一人が眠る日本の自治体と交流を始めた。そのきっかけは、連行された少女の故郷である可能性が出てきたから。南原は、少女の故郷というよりも、少女を含む多くの捕虜たちの故郷のシンボル。そう考えられないだろうか。

不幸な朝鮮侵略を乗り越えて、本来なら相容れない、加害の地の黒潮町と、被害の地の南原市が、かけがえのない日韓交流を始めようとしている。朝鮮侵略の関係地同士の日韓交流は極めて珍しい。

一九九〇年代には、日韓の協力で二人の捕虜を顕彰する碑が相次ぎ建立されることはあった。儒学者の姜沆は自身が連行された愛媛県大洲市に、熊本に連行されて僧侶になった日遥《にちよう》上人は故郷の慶尚南道河東《ハドン》にそれぞれ足跡が刻まれた[11]。当時以上に今は、両国関係が深刻化している時期である。

侵略の過去と対立の現在。二つの「障害」をくぐり抜けた交流を大切に育み、その絆を深めたいと思うのは私だけだろうか。

「少女の故郷はどこなの？」

「韓国南西部の南原市の関係者が『うちじゃないか』と名乗り出て、黒潮町に調査に来たんだよ。朝鮮侵略のときに激しい戦いがあり、一〇〇〇人以上が日本に連れて来られたと言われているところなんだ。そうした悲しみを乗り越えて、いま、南原市と黒潮町の交流が始まろうとしているよ。不幸な歴史を乗り越えて、新しい交流の歴史をつくるのは、きみたちの役目なんだよ」

地元の子どもたちとこんな会話を交わすことができれば、どれだけ素晴らしいことだろうか。

（1）高知市公式ホームページ（https://www.city.kochi.kochi.jp/site/kanko/tonomotokosenjyou.html）
（2）文化遺産オンライン（https://bunka.nii.ac.jp/heritages/detail/199390）
（3）『長宗我部元親』二九ページ
（4）「波旦」（파단）の発音は、カタカナ表記すれば、「パダン」となる
（5）『渡来の古代史』四七～四九ページ
（6）『分裂から天下統一へ』一五六ページ
（7）『天下統一と朝鮮侵略』四二七、四二八ページ
（8）朱印状の元となる資料は『佐賀県史料集成古文書編第三巻』（佐賀県立図書館、一九五八年）にある『鍋島家文書』一一九号
（9）『秀吉の朝鮮侵略と民衆』九三、九四、九六ページ

（10）『戦争の日本史16　文禄・慶長の役』二二四、二二五ページ

（11）『望郷の被虜人と渡来文化』二一、二二、七一、七二ページ

第五章　黒潮に寄せる想い

13（십삼）　加害の地から

「日本人も拉致実行」

帰郷かなわず異国で生涯を終えた一人の少女。故郷の地を踏みにじり、多くの人に刃を向けた日本人が憎かったろう。連れて来られた土佐の地も当初は好きになれなかったろう。言葉も通じず、話し相手もいない。そんな頑なな恨《ハン》が解け、少女は心をいつしか開き、自らの機織り技術を惜しまずに教え、地域の人から愛されるようになった。その生き方や姿勢は、地元の共感を呼び、死後しばらくして本格的なお墓までしつらえられた。少女と地域の人たちの間に心の交流が築かれていたに違いない。その想いを、四〇〇年の時を経て受け継ぎ、両国の交友を深めようとする人たちがいる。

関係者に再び取材した。

「初めての海外が韓国でした。（軍事政権下の）一九七〇年代の終わりに、ソウルの汝矣島《ヨイド》純福音教会の研修会に招待されたのです。それから定期的に訪韓するようになり、最初の頃、日本人牧師ら五〇人ほどが、植民地期に迫害を受けた堤岩里《チェアムニ》教会に案内されました。大勢のクリスチャンが閉じ込められ、火をつけられて殺害された現場です。虐殺の様子が人形などを置いてミニチュアで精巧に再現されていました。ショックでした。日本人として心が痛かった」

マスク越しにそう話したのは、大阪府の福島敏雄牧師（一九四八年生まれ）。少女の故郷探しに奔走し、南原文化院の「ドキュメンタリー」映像で日本側の主役を務めた。コロナ感染が一段落し、府県外への移動自粛が解除された直後の二〇二〇年六月中旬。そろそろ取材を再開したいと考えていたときに連絡をいただいた。

全国の教会の二割ほどが牧師不在状態にあるという。福島牧師はそんな一つ、福井県勝山市の教会をボランティアで定期的に訪ねている。中断を余儀なくされていた礼拝を再開した帰りに渡来人歴史館（大津市）に寄ってくださった。コロナ禍で休館中だったが、出勤してお待ちした。

私も堤岩里事件を初めて知ったときは、あまりの残虐さに頭を抱えこんでしまった。

一九一九年三月一日、憲兵警察による「武断政治」でこの九年押さえつけられていた朝鮮人たちが立ち上がった。日付から「三・一独立運動」と呼ばれる。独立宣言をし、運動は京城（現・ソウル）から全土に広がり、堤岩里教会のある水原《スウォン》郡には軍が派遣された。四月一五日、運動に参加した二九人を教会に集めて一斉射撃し、ガソリンをまいて火を放って皆殺しにした。(1)日本では箝口令《かんこうれい》が敷かれ、ほとんど報道されなかった。(2)独立運動に懲りた日本政府は、強権一辺倒の「武断政治」から「文化政治」に切り替え、一定の譲歩をしながら、より巧妙に従わせる統治方法を採るようになった。

敗戦による解放後、信者わずか六、七人となった堤岩里では、赴任した牧師が十数年掛けて教会を復興したという。(3)

福島牧師には、朝鮮半島との関わりについて尋ねたいと伝えていた。互いにマスクをつけて対面を避けて座る。牧師は用意したメモを元に、言葉を選びながら説明をしていく。

キリスト教信者は日本ではわずか一％だが、韓国は約三割を占める。街を歩けば、十字架を掲げた教会がすぐ目に入る。福島牧師は伝道のノウハウなどを学ぶため、年に一～三回ほど訪韓し、通算では五〇回ほどにもなるという。

「韓国の教会関係者に開口一番に言われるのは、『あいさつをする際にはまず謝罪しなさい』です。植民地期にどんな悪事を日本が働いたか聞かされ、家族や親類が犠牲になった人もいるというんですね」

むくげの花の少女について、韓国・南原で約一〇〇〇人の教会関係者に話した際にも、まず謝罪から始めた。

「秀吉軍の侵略について話している途中、ビクッとする時間がありました。後方にいた年配の男性が『その話やめろー』と叫び出したんです。深い傷が癒やされていない人がいるのは事実ですね」

牧師は大阪府八尾市生まれ。高校三年生のとき、英会話の勉強のために教会を訪ねたのがキリスト教との出合いだ。最初は聖書にも関心がなかったが、人間誰しも心の中に持つ「罪」の存在に気づかされ、高校卒業後に一八歳で洗礼を受けた。一九七二年に神学校を卒業後、二六歳で結婚し、牧師の道に進んだ。

自身の裁量で伝道したいと、教会側の援助に頼らず、一八年間は鉄工所などの会社勤めで生計を立て、土日や夜間に教会の活動をした。ともに牧師の妻と二人で、教会のない地域での開拓伝道だった。フルタイムの牧師となったのは九二年から。会社勤めのおかげで経理面に明るくなり、教会活動にも役立っているという。

教会に通う信者の医師、姜健栄さんから絵本『むくげの花の少女』を紹介されたのが、この活動を始めるきっかけだ。読んでみると、頭の中に浮き上がってくる場面があった。

一〇年以上前のことだ。教会仲間と、北朝鮮に拉致された横田めぐみさんの話題になった。めぐみさんの母親の早紀江《さきえ》さんは三十数年来のクリスチャンでもあり、救援活動の署名に協力した。

「被害者家族がどれだけ心を痛めているか」

そう話したところ、教会を支援する在日コリアンの女性が反応した。

「日本も同じことやったでしょ」

秀吉の朝鮮侵略だった。

「朝鮮から連行されてきた人たちにも、同じように家族がいて、友人たちがいたはず。どれほど悲しんでいるかわかりますか」

牧師は言葉が出なかった。

『むくげの花の少女』を読んで、そのときの会話が思い出された。早紀江さんや父滋《しげる》さん（二〇二〇年六月に八七歳で死去）が涙を流している姿が、少女の家族や友人の姿にオーバーラップした。

「拉致被害は許されないと、北朝鮮をずっと責めてきましたが、絵本を読んで、朝鮮侵略に対して日本は謝罪していないなと気づいたんです。少女の子孫がいたら、自分はそこに行って謝罪しなければならないのでは、と」

少女の故郷探しは、同時に謝罪の場を見つけることでもあった。直接の加害者ではないのに、自分が行って謝罪しなければならないという使命感はどこから生じるのか。職業柄だろうか。

「日本人の罪を自分が代表してという偉そうなことではないんです。まだ謝罪されていない、処理されていない、というのであれば、謝罪の気持ちを言葉でちゃんと現すのは大切やなって思うんですね」

南原文化院の映像では、脚本に沿って、南原にある侵略犠牲者の墓地「万人義塚」に牧師が花を手向け、手を合わせる場面があるが、牧師の胸の内では、本当の謝罪はまだ済んでいないのだ。

「故郷とされる地に記念碑を建て、現地の人の前で自分の口で謝罪をしたい」

新型コロナの影響で訪韓できない状態が続くが、南原市を再び訪ねて文化院側と記念碑建立の準備を進めたいという。

小谷家の一員

広大な太平洋に面し、豊かな山にも抱かれる高知県黒潮町。人口の四割強が六五歳以上という少子高齢化の町である。在留外国人統計によると、町内の外国人は一四一人（二〇一九年一二月末時点）。半数を占める七二人のインドネシア人は、カツオ一本釣り漁船に乗る技能実習生だ。韓国籍はゼロ。外国人の割合は一・三％に過ぎず、国の平均二・三％を割り込む。年配者が多く、異文化に慣れていない土地柄と言っても良い。そんな地で、差別や偏見の対象となりがちな朝鮮の少女が長年にわたり大切に遇されている。

いったんは取材を再開したものの、新型コロナが第二波を迎えた。直接取材は控え、小谷《おだに》家に質問を列挙した手紙を送ると、小谷鉄夫さん（一九三五年生まれ）から興味深い回答が寄せられた。高知県立校長を務め、定年後は私立土佐塾高校校長などを歴任した教育者だ。丁寧な筆跡で一二枚も綴られていた。

先述した藩政時代の二回の大火で、集落全体が焼失し、むくげの花の少女の記録は墓碑と伝承以外、残っていないという。

まずは、毎年七月の第一日曜に開かれる先祖祀《まつ》りについて。

上川口地区の始祖、小谷与十郎をはじめ、小谷家一族のお墓を参るだけでなく、少女のお墓にも手を合わせる。その後、郷集落センターに移動し、経理報告などの後、宴席を囲む。上川口の小谷家に加え、他地区に分家した一族も参加する。

少女については、幼少の頃に両親などから聞くとともに、祀りの中でも話題が繰り広げられ、小谷家の中で自然と共有されてきた。

《誠に申し訳ないことを致したと痛恨の想いに打たれる》と吐露する一方、一族の認識をこう表現した。

《朝鮮国から連行されてきた悲しくも心やさしい、そして織物などには優れた技術をもった女性として受けとめていたように思います。私達は、朝鮮の人というよりも、小谷家の一人の女性として違和感なく受けとめていたように思い起こします》

小谷家にとって少女は一族の一員だったのだ。《小谷家の誇りのような存在》と最大級の言葉で表現する。

朝鮮の進んだ織物の技法を地域の女性に丁寧に教え、地区から感謝・敬愛されていたと指摘する。

《小谷家はもとより、没後までもこの地区の人々の心の中に深く想い継がれた女性であり、地区の人々と朝鮮とを結ぶ絆としてかけがえのない大きなものがあったのではないでしょうか。彼女の果たしたことがらは、今日、以前にも益《ま》して高く評価され、学ばなければならないのではないでしょうか。（中略）彼女の想いを心に込めて「朝鮮国女の墓」を大切に祀り続けなければならないと想う次第です》

第一章で紹介した一九七二年の高知新聞への投書が呼び水となり、少女の墓が広く知られるようになったのかと思いきや、そうではないようだ。敗戦後に在日コリアンの間にこんな話が伝わっていた。

「上川口の地に四国では最も古い朝鮮女性の墓石があり、永年にわたって地区の人によって祀り続けられている」

いつからか朝鮮総連の関係者が夏の盂蘭盆《うらぼん》の時期に、町立上川口小学校の体育館で国女を祀る大々的な慰霊祭を毎年のように行っていたという。

また、上川口地区には他にも朝鮮と接点があった。

集落の為ノ川林道が朝鮮人の尽力で建設されたと言い伝えられ、地区の人々が毎年全員で清掃し、現在も大切に利用している。敗戦直後には、集団で帰国する朝鮮人を乗せた機帆船が台風で上川口の港に打ち上げられ、上川口の人たちと食料をめぐる交流もあった。

《（朝鮮に対し）何か懐かしいものを感じるのです》

少女の故郷として南原市が浮上したことは《大きな驚き・歓《よろこ》び》という。

《四〇〇年以上も前の時代に生きた一人の女性に、今なお生存しているかのように愛情と親近感を抱いて接して下さる南原市の方々が多くおられることを知るとき、彼女と深く係《かかわ》りを持った一族の子孫として、そして人として、このご尽力と配慮を黙って見過ごすことは許されることではない。将来の何時《いつ》か、南原市の方々と何らかの形で交流できる機会が持てるなら、親しく話し、謝辞やお礼などを申し述べることが出来ればと願っております》

＊

朝鮮に帰国する機帆船の漂着について、一族の小谷公夫さんを通じ、当時小学生だった年配者らに尋ねたところ、時期は秋前後といい、四五年九月に列島を縦断して大被害をもたらした枕崎台風とみられる。子どもの目には「一〇〇人ほどいた」と見え、朝鮮人女性がミソなど食料をもらいに集落を回ったという。

詩集「死よりも苛酷」

一九八一年に「朝鮮国女の墓を守る会」を結成し、碑文建立の音頭を取った小野川俊二さん。黒潮町前身の大方町長を六八～七六年まで二期務めた。一〇年ほど前に鬼籍に入り、当時の想いを聞くことはかなわない。

碑文を建立した九年後の一九九〇年に詩集『口づけにならない口づけ』を発行した。後半のⅡ

を「死よりも苛酷《かこく》に生きて（朝鮮国女の墓の霊に――）」と題し、むくげの花の少女の悲運の生涯を詠んだ詩を二三ページ分収録する。
その書き出し。

異国の里で
美しくも清く咲いた一輪の花
その花の香りは高く
のちのちの世の人々に語り継がれて
ふたたびここに花とひらく

複数の詩集を発表した。ネット検索すると、『天照大神誕生　小野川俊二の日本古代史詩集』（葵詩書財団、九八年）がヒットした。
《桓武天皇は父光仁天皇が崩御された時　哀号哀号といって泣いたという。古代史批判を詩で表現したユニークな詩集》
紹介文にそうある。「哀号」は、喪中に哭《こく》する感嘆詞としても知られる朝鮮語だ。
植野雅枝さんによると、桓武天皇の母、高野新笠《たかののにいがさ》が朝鮮からの渡来系だと詠んだ詩も残したという。高野新笠については、日韓W杯サッカーを翌年に控えた二〇〇一年、平成天皇が記者会見で次のように話し、広く知られるようになった。

「私自身としては、桓武天皇の生母が百済の武寧王の子孫であると、続日本紀《しょくにほんぎ》に記されていることに、韓国とのゆかりを感じています」


県外に長く住む娘さんと連絡がついた。

小野川さんは古代史に興味があり、朝鮮との関連が指摘されるスサノオミコトをはじめ、関連の本を読み漁っていたという。

「地元に朝鮮から連れて来られた少女がいると知って、調べ始めたのでしょう」

父から直接聞いた話として、小谷与十郎が長男の嫁にしようとしたものの、少女が頑なに拒んで祖国に帰りたいと訴えたことや、結局は帰郷がかなわないまま亡くなったことなどを挙げた。

「当時の事情は知らない」という娘さんの口から少女の生涯の一コマがすらすら出てきたのは、小野川さんが語り聞かせた「熱」を感じさせた。

小野川さんは、結婚の申し出を断った際の少女の苦衷を詩で表現した。

彼女は泣いた
泣いた
声をかぎりに泣いた

懐しい古里の山や川が
涙の底に浮かんでは消えた
優しかった父　母
心通い合った友達のあの顔　この顔
それらの人々のほほ笑みが
肩を組んで踊り歌った歳月《としつき》を呼び起こして
彷彿《ほうふつ》と眼の前に浮かび
卍となって襲いかかってくる
帰りたい！　帰りたい！
滂沱《ぼうだ》たる涙がふたたび三たび顔を覆って
望郷の果てに狂うのであった
しかし今はその術もなく
あまつさえこの地で結婚しろという
しかも相手は拉致して来た男の子供であるというのだ！
どうしてそのようなことが出来ようか
侮辱するにも程があるというものだ！

新しい黒潮町長

黒潮町取材でお世話になったのが、文化施設「大方あかつき館」の松本敏郎館長（一九五六年生まれ）。資料の準備や人の紹介のほか、南原文化院の現地調査時には植野さんとともに、学習用の英会話が常時流れる車に乗せていただいた。文化院の「ドキュメンタリー」映像にも登場する。町職員出身で、二〇一二年からの町情報防災課長時代には、南海地震発生時に全国最大の三四・四メートルもの津波が黒潮町に想定されたことを受け、津波対策の情報発信に尽力した。

《小野川元町長のご家族は町内にいらっしゃるでしょうか》

そんな問い合わせをしたら、即座に回答が返ってきた。しかしながら、返信が途絶えたことがあった。しばらくして届いたメールを読んで、目を見開いた。

《御返事おくれてすみません。実は、私、急遽《きゅうきょ》、町長選挙に立候補する予定となり……》

前町長が女性問題の不祥事で辞職したというのは聞いていたが、予想外の展開だ。

松本さんは二〇年一〇月の町長選で、同じ新人候補を大差で破り、初当選した。就任間もない段階で心苦しくもあったが、関係自治体の長には尋ねないわけにはいかない。少女のお墓や絵本という文化遺産の利用法や南原市との今後の交流について、尋ねる手紙を送った。具体的な交流計画などは決まっていないとしながらも、新町長から未来につながる回答が届いた。

《郷土史の中に埋没していた「朝鮮国女の墓」が、絵本『むくげの花の少女』で誰にもわかりやすい内容で紹介されたことで、日本と韓国の双方で共感を呼んでいることは大変素晴らしいことで嬉《うれ》しいことです。

南原市が「朝鮮国女の墓」の歴史に深い関心を持たれ、絵本や映画の制作までされたことには驚かされています。より多くの人たちに観《み》ていただきたいと思っています。今、日本と韓国の政治的な関係があまり良くない状況ですが、本来は最も理解し合う良き隣人であるべきだと考えていますので、文化交流などの良いきっかけになればと願っています》

就任したばかりの松本町長から友好のボールが投げられようとしている。

（1）『これだけは知っておきたい　日本と韓国・朝鮮の歴史』一二六、一二七ページ
（2）『植民地朝鮮と日本』四六ページ
（3）『国境［完全版］』二九二、二九三ページ

14（십사）被害の地から

地域間交流と慰霊碑

韓国の南原文化院が作成した『調査報告書』を再び開いてみる。

報告書の最後に「ドキュメンタリー」映像と童話は全国二三〇の地方文化院や南原の小中高校などに配布されるとある。

《記録に残らずよく知られていない歴史を、一般市民に知ってもらい、丁酉再乱（慶長の役）当時に連行された捕虜に対する関心を高めてもらう》のが目的だ。

利用の際には、史実を元にした創作であることを伝えてほしいと個人的に願うばかりだ。

《今後の事業計画》には、興味深い内容が並ぶ。

《追慕事業》では、自治体レベルで南原市に少女の慰霊碑を建立したうえで、黒潮町で少女を供養する毎年七月初めの日曜に合わせて、日韓[1]同日の追慕祭の開催を呼び掛けている。また、《二次文化コンテンツの制作》として、パンソリや演劇、独立映画などの制作推進を訴える。《追加資料調査》としては、①少女が日本側に伝授した織造技術の具体的な史料調査▽日本での少女の生涯調査②南原から連行された一〇〇〇人余りとされる捕虜数の再調査▽南原の技能工たちの連行場所の把握▽南原で犠牲になり、切り取られた耳や鼻を埋葬する塚の痕跡追跡――。最後に《日本との民間交流拡大》として、南原市と黒潮町の姉妹都市提携を通じた日韓交流などを挙げている。

二〇二〇年一一月、南原文化院に現状をメールで尋ねた。二日後に機械翻訳とみられる日本語での返信があった。

春に予定していた南原市民対象の映像試写会は、新型コロナの影響で延期されたが、一般や学生らを対象とした小規模試写会を三回開き、市内の博物館でも随時上映しているという。

《朝鮮国女の異国での生活がどれほど大変で孤独だったかについて共感し、多くの関心を集めました》

文化院の事務局長によると、南原市では、南原城の戦いについて小中高生が学習する他、犠牲者一万人が眠る「万人義塚」では毎年、追慕祭が開かれており、一般市民の関心も高い。ただ、南原から連行された捕虜について、正確に調べられたことはなく、連行時の年齢層や職種などに関する資料も不十分という。

《文化院に勤めていて残念な部分だと思います》

金注完院長にも尋ねた。

一年ほど前に現地調査をした黒潮町の印象について。

《静かで美しい海を抱いた町で、小谷家も温かく迎えてくれました》

少女の追悼が毎年行われていることに驚き、絵本作者の植野さんの親しみのある笑顔を今も生き生きと思い出すという。

《急がずに慰霊碑建立も進める計画です》

コロナ禍で活動の足踏みを余儀なくされながらも、意欲は消えていなかった。少女の故郷が南原だという考えにも揺らぎはない。

金院長は、福島敏雄牧師が南原市を訪ねた際、地元を舞台とする物語『春香伝《チュニャンジョン》』を引き合いにこう語ったという。

「架空の人物でさえ、これほど有名になっているのです。ましてやむくげの花の少女は実在の人物です」

朝鮮王朝時代につくられた『春香伝』は、妓生《キーセン》の娘、春香と両班《ヤンバン》の息子の身分を越えた恋愛を描いた作品だ。日本の忠臣蔵に匹敵するほどよく知られ、一九三五年に朝鮮で初めてのトーキー映画として公開されて以来、何度も映画化されている。

金院長には、日韓両国が政治的に対立する中、市民レベルの日韓交流の意義についても尋ねた。

《韓日関係は政治的な部分が多いのも事実です。しかし、民間レベルの交流を活発に推進すれば、これを見て政界が反省する姿勢につながると思います。歴史的に多くの対立と葛藤がありますが、和解の時代を開くためには民間レベルの文化的交流が続けられなければなりません》

文化院の挙げた事業計画はいずれも出費と労力が必要となり、簡単なことではない。コロナ禍という不確定要素もある。それでも一過性に終わらせず、地域間交流だけは実現してほしい。少女の故郷の可能性がある寿洞村に慰霊碑が建立されると、より素晴らしい。悲しい歴史と新しい歴史を伝える地域のシンボルになり、日本側からの訪問者の目的地となる。慰霊碑の建立は、黒潮町の小谷家も関心を寄せる。渡韓は年配者が多いため簡単ではないが、今ならオンラインでの参加も考えられる。

加害の側から言うのは厚かましいが、できれば悲劇だけではなく、長年にわたる墓参りや絵本出版など日本側の和解姿勢にも光を当ててほしい。加害の歴史に心を痛める人が日本にも少なからずいることが伝われば、相互理解への大いなる前進となるだろう。

少女のお墓を前に、カメラに収まるチマ・チョゴリ姿の李仁義さん（右から二人目）。左が植野さん夫婦、右端は「日本ポール」の佐竹章夫社長（故人）＝1997年12月、植野さん提供

在日韓国人の目

植野さんを初めて取材したとき、赤紫色の鮮やかなチマ・チョゴリ姿の女性が、少女の墓を前に植野さん夫婦らとともに収まるスナップ写真を見せてもらった。理系研究者のこの女性が今も日本に住んでいると聞き、連絡をとってみた。

李仁義《イインウィ》さん。一九五五年にソウルで生まれ、ソウル大学校・大学院（家政＝現・生活科学＝大学・大学院食品栄養学科）を卒業。在日韓国人男性との結婚に伴い、八四年に来日し、東京大学大学院博士課程を修了（農学博士）。中外製薬などを経て、神戸大学大学院科学技術イノベーション研究科の特任教授として、バイオ医薬品の開発や人材育成などに取り組んでいる。

両国での暮らしがほぼ半々になる。

李さんは九七年、当時勤めていた外資系企業の社長の故郷である高知県中村（現・四万十）市を訪れ、「近くて遠い国について」と題して講演した。スナップ写真は講演前にお墓参りしたときのものだ。

《20年以上が過ぎましたが、お墓のことは鮮明に覚えています。この少女と両親は、連行され引き裂かれる時はもちろん、離れ離れになった後も、どれだけ泣いたか。この異郷の地で、故郷や家族を思いながらどれだけ寂しかったか。そう思うだけでも、私の心は苦しく悲しくなり、天国で安らかにと祈りました。当時、日本で生活し仕事をしていた私も、いつも韓国に飛んでいきたい、父母らに会いたいと思っており、自分自身と重なりました》

お墓を守り続ける小谷家や植野さんの絵本について。

《異国から来た少女のことが代々語り継がれ、お墓が建てられ大切にされていることは、地元の人たちの優しさであり非常に感動しています。その話が地元で絵本として語り継がれていることは、不幸な歴史の中にあっても、韓国人を大切に思う方が日本側にもたくさんおられるということで意義深いことです》

Q・韓日が政治的に対立する中、黒潮町と南原市の交流をどう思いますか?

《政治的対立は、政府の問題だけでなく、世論の感情でもあります。まず両国民が腹を割って話すためには、どうしても過去の歴史を切り離して考えることはできないと思います》

近現代の歴史について、日本では学年末に取り組み、十分な学習ができていないように思うと懸念し、

《多くの日本の方が、過去に韓国を植民地にし、その植民地政策で多くの韓国人が苦しんでいることなど知らないと思います。このことをしっかり知ったら、本当の和解ができ、明日への未来志向の友情が生まれるのではないでしょうか。

黒潮町と南原市の交流は、とても大切なことで、素晴らしいことですが、ぜひ歴史を理解したうえで、交流を続けてくだされば と願います》

韓国の友人にも聞く

私の韓国の友人たちにも聞いてみた。日本に勤務経験があったり、日本文化に関心があったりして、シンパシーがある人たちだ。

少女のお墓が今も大切にされ、地元で絵本がつくられていることについて、

「少女の連行がなければよかった」

「連行は過ちだ」

としながらも、好意的に受け止めた。

「絵本が読まれているというのは、韓国人としてとてもうれしく、誇らしいことです」

（四〇歳代女性・学習塾講師）

政治対立の中、黒潮町と南原市の交流については大賛成だった。

「国家間では歴史問題をはじめ、解決に至らない部分が多くありますが、個人と個人の交流には影響がないと思います。そういう意味で、国家単位よりも、小さな地域単位で交流を始めることは良い方法になるのではないでしょうか」

私の韓国の知恵袋である出版社勤務の尹ボラさん（一九八五年生まれ）はそう答えた。

「民間レベルの交流が数多く成し遂げられれば、政治的対立も時がたつにつれ、緩和されることになるでしょう」

（七〇歳代男性・元銀行員）

日韓が対立を乗り越え、市民同士で友好関係を築くためには、まずは会ってみることや、SNSなどで相手国への関心を持つことが必要とし、相手国の多様な文化を地域で楽しむこともいいとの意見が寄せられた。

日米での勤務経験がある元銀行員の男性は、小中学生の段階から日韓間の正確な歴史教育を行い、相手国やその国民の立場で考えるよう指導することが必要だという。

李仁義さんを含め、韓国の人たちからは、加害の歴史に目を向けてほしいという、とりわけ切実な思いがある。

元銀行員の男性は続ける。

「日本と韓国は地理的にも、歴史的にも、文化的にも、相当近い国として、互いに親しくすることが、両国のためになります」

自身の体験も綴られていた。数年前に博物館で、サッカーのユニフォームを着た日本の小学生三〇人ほどを見かけた。

「一番好きなサッカー選手は誰ですか」

そう質問してみると、口を合わせて皆が答えた。

「朴智星《パクチソン》選手です」

当時、英マンチェスター・ユナイテッドに所属していた元韓国代表選手の名前が挙がった。この男性は、日本のサッカー少年たちが朴智星選手を通して、韓国びいきになっているとすこぶる気分が良かったという。

「小さいときから、サッカーや野球などのスポーツ交流を持つと、両国国民が互いに親しくなり、信頼できるきっかけになるのではないでしょうか」

南原市を訪れ、寿洞村の地を踏みたい。そう願っているが、コロナ禍で当分、かないそうにない。

南原市の李桓朱《イファンジュ》市長に交流を促す手紙を送った。グーグル翻訳とボラさんの手を借りた。第三章で紹介した『かわら版』の記事も日本語ながら参考のために同封した。韓国への封書の郵送代は、わずか九〇円だった。

《南原文化院が南原市を少女の故郷と考え、少女の慰霊碑の建立を目指しています。日本の関係者も心待ちにしています。ただ、少女を連行してきた軍勢を率いる大将（長宗我部元親）は南原城の戦いに参戦していないという情報もあり、市長に懸念があるとも聞いています。

日本側の研究者の間でも、元親が参戦したのは南原城の戦いという説と、黄石山城の戦いという説の両方があります。新たな史料が見つからない限り、特定するのは難しい情勢です。

では、少女の慰霊碑が南原にできると道理が立たないことになるのでしょうか。

私はそう考えたくありません。なぜなら。

南原は、朝鮮侵略で激戦があり、1000人以上が連行された被害の地です。実際に機織り少女が連行されたという言い伝えもあると聞いています。

被害の地（南原市）と加害の地（高知県黒潮町）が、不幸な歴史を乗り越えて、手をつなごうとしているのは、素晴らしいことです。むくげの花の少女がその象徴と考えてはどうでしょうか。

少女の慰霊碑ではなく、少女を含む捕虜たちの慰霊碑と考えるのです》（抜粋）

郵送したのは二〇二〇年一一月中旬。年が明けても返信はなかった。

（1）　歌い手と太鼓の奏者の各一人で表現する朝鮮の伝統的民俗芸能

第六章　次代への扉

15（십오）　無知が生む偏見

女子大生の一筋の涙

「謝りたいことがあります」

京都女子大学（京都市東山区）の三年生が、思いつめた表情でそう切り出した。それまでの和やかな雰囲気を一転させる突然の告白に、私は耳をそば立てた。

「中学生のときにK-POP《ケイポップ》（韓国の大衆音楽）が好きでCDを持っていたのですが、韓国を快く思わない親から売りなさいと言われ、手離しました」

学生の目から涙が一筋落ちた。感情がこみ上げ、それ以上言葉にならない。

隣の学生が続いた。

「祖父母が韓国旅行に否定的で、祖父母の前では韓国の話を控えています」

やはり涙ぐんだ。

「K-POPが好きで韓国旅行をしたいと親に言うと、危ないからやめなさいと言われました」

別の学生もそうだった。

同席していた京都朝鮮中高級学校のオモニ会会長（当時）の朴錦淑《パククムスク》さんが天を仰いだ。

「悲しすぎる」

私の胸はざわついた。自分だって謝らなくてはいけない、と。子どもの頃、勝手な偏見から朝鮮を嫌っていたからだ。

二〇一八年六月。マイノリティーの子どもたちの教育を考える公開講座が京都女子大であり、その終了後の茶話会での一幕だ。講座では茨城朝鮮初中高級学校の「高校」三年生の北朝鮮訪問に同行したドキュメンタリー映画『蒼《そらいろ》のシンフォニー』（二〇一六年）が上映され、「祖国」を初めて訪ねた朝鮮学校生の素顔が映し出された。茶話会には、在日コリアン三世の朴英二《パクヨンイ》監督の他、講座を主催した市川ひろみ法学部教授（国際関係論、平和研究）とそのゼミ生一〇人ほどが顔を出していた。取材した私も、パネリストを務めた日系ブラジル人女性の大学院生を紹介した縁で同席していた。

冒頭の発言は、感想などを順番に紹介する中で、ゼミ生から飛び出したものだ。

ゼミ生の感情が落ち着いたころ、声をかけた。

「K-POPは誰が好きなの？」

「少女時代（女性アイドルグループ）です」

「今は聴いていないの？」

「ＹｏｕＴｕｂｅで聴いています」

その手があるか。ゼミ生が笑みを見せた。


二つのことがうかがいしれた。

一つは、若い世代の偏見のなさ。もう一つは、その親の世代に根強い偏見を持つ人がいること。過去の私なら、自分の娘に同じことを言ったかもしれない。

親の世代は四〇〜五〇歳代だろうか。中には母親が韓国ドラマ好きで理解があるという学生もいたが、その世代に、韓国に対して警戒感や偏見を持つ人がいる。その反応は、異文化に対して持ちがちな距離感、警戒感以上のものを感じる。一部メディアやネット、反韓・嫌韓本の影響だろうか。

その祖父母となると、植民地支配の名残とともに育った世代である。敗戦直後の混乱期には、在日朝鮮人による闇市での荒稼ぎや犯罪、密入国での伝染病の持ち込みがあり、(1)「無法者」や「悪者」のイメージが日本人に広く共有された。(2)在日の多くが定職に就けず、くず鉄拾いやどぶろく作り、行商、露天、養豚などで日々の生活をしのいだ。私がそうだったように、河川敷などの貧相なバラック住まいを目にして敬遠してきた人もいるだろう。

作家の高史明《コサミョン》さんは自身の体験を綴った『生きることの意味　青春篇第3部　悲の海へ』でこ

う記している。

《日本人は、朝鮮人が日本人を知っているほどには、朝鮮を知らない。また、知ろうともしていない。日本の中の朝鮮は、歪《ゆが》められ捩《ねじ》れていた。しかも、その歪みは、戦前から戦中に作られたというだけにとどまらず、戦後の状況下でいっそう深いものとなっているのである》

（二〇八ページ）

敗戦・解放から七五年の時が過ぎ、柔軟な心を持つ若い世代が育ち、良くも悪くも歴史を意識せぬまま、隣国の音楽や化粧品、食文化などに偏見なく接し、魅力を感じている一方で、一緒に暮らす家族の中に、偏見から抜け出せない上の世代がいる。最初に人生の指南役となる、とりわけ影響力が強い人たちだ。

差別や偏見、蔑視。そうした負のバトンを断ち切れないものか。

取材に二の足

京都女子大での取材から時計を二年ほど前に戻す。

二〇一六年春。毎日新聞大阪本社編集局から滋賀県を持ち場とする大津支局に転勤になった。初任地の高松支局以来一一回目の異動で、大津は四半世紀ぶり二度目の勤務だ。「エリア編集委員」という新設の肩書きを与えられ、存分に取材しようと張り切っていた。

ところが、任されたのは、滋賀面の第二、第三県版のデスクだった。通常は取材に出ない担務で、告げられたときは頭が真っ白になった。連載企画など生ニュースでない記事が掲載される面で、雑務も多く、新生児と物故者の名前の読み合わせも連日大量にある。

デスク自体はオーケストラの指揮者のような、やりがいのある役職だ。紙面を生かすも殺すもデスク次第と言っても良い。私も最初の高知時代に務めたことがある。しかしながら、自分で原稿を書くよりも、紙面計画を立て、取材を指示し、他人の原稿の手直し・補強が中心となる。

書くことが自分の生命線だ。与えられた環境でどう持ち味を出すか。時間をやりくりして支局を飛び出そう。限られた取材時間しかないため、テーマは一つに絞る。呉越同舟の記者クラブとは一線を画す。

リサーチをしてアンテナに引っかかったのが、滋賀県に比較的多い南米の日系人労働者とその家族の存在だった。当時は毎日新聞も他紙もほとんど取材していない。目立たない事象に光を当てるのは私の真骨頂でもある。こうして、煩雑なデスク業務をこなしながら、多文化共生の取材に精を出し、ライフワークと言えるほど、どっぷりハマることになる。

ホテリエを目指すフィリピン出身の日系女性の専門学校生▽就学年齢を過ぎてから来日し、日本語を一から学んで高校受験を目指す外国籍の少年少女たち▽それを支援する民間の教室……。人から人へと輪を広げていく高知時代に培ったスタイルで、自分の感性に響くものは次から次へと取材した。「共生を考える」という共通タイトルで滋賀面に連載を重ね、三年間で計五六回を数えた。

《Ｉｍｐｏｒｔａｎｔｅ（重要）！》

ポルトガル、スペイン語共通のスタンプを連絡プリントに押して、外国籍の保護者とコミュニケーションする滋賀県湖南市の市立中学教諭（当時）、青木義道さん（一九七八年生まれ）を全国版の「ひと」で紹介すると、その英訳記事がブラジルの国民的漫画家の目に留まり、マウリシオ・デ・ソウザさん（三五年生まれ）が全く縁のない湖南市を二回も訪れる大きなサプライズにつながった。大津支局を離任する二〇一九年には、外国人労働者の受け入れを拡大する改正入管法が施行され、時代を先取りした今日的な連載だったと自負している。

連載を始めて一年。山間地の旧小学校舎を使うブラジル学校「日本ラチーノ学院」（同県東近江市）を紹介すると、他の外国人学校も取材したくなった。滋賀朝鮮初級学校（大津市）。マイノリティーという弱い立場の力になれることは、記者魂（そんな大層なものがあったかどうかは別にして）をくすぐられる取材だ。それでも、及び腰の自分がいた。

朝鮮学校と聞いて、どんなイメージをお持ちだろうか。

「北朝鮮の学校」「スパイ養成学校」「反日教育」――。世間の視線はひときわ冷たい。朝鮮半島や在日コリアンに対する偏見の中でも、最たるものかもしれない。

二〇〇二年に発覚した拉致事件を機に、強烈な北朝鮮へのバッシングが起こり、北朝鮮を支持する朝鮮総連と「密接な関係」（当時の文部科学相）にある朝鮮学校にも非難の目が集まった。政府は、高校授業料無償化制度から除外し、学校設置を認可する都道府県に「透明性」などを求める通知を出し、補助金の交付をやめる自治体が相次いだ。「上からのレイシズム（人種差別）」と呼ぶ識者もいる。

私のスタンスは、拉致はもちろん、ミサイルや核実験は言語道断だが、朝鮮学校で学ぶ子どもたちに罪はない、というものだ。直前の大阪本社編集局時代には、六回（取材時）の訪朝歴がある立命館大学文学部の庵逧《あんざこ》由香教授（朝鮮近現代史）に取材して、北朝鮮の一般市民の素顔を特集したこともあった。体制とその下で暮らす市民は分けて考える必要がある。

そうでありながら、取材の腰が引けたのは——。

自らが対象を選んで取材する場合は、批判ではなく、取材対象に共感・納得して文字にしたいという思いが強かった。だからこそ、自分のハートに訴える人やモノを追いかけてきた。朝鮮学校の教室に、金日成《キムイルソン》氏と金正日《ジョンイル》氏の父子（故人）の肖像画が掲示されていたら、引いてしまうだろうな。そう思った。

記事を書く以上、批判を受けるのは覚悟の上だが、朝鮮学校は特に炎上しやすいテーマでもあった。また、不用意な記述をして、学校への攻撃の誘い水になってもいけない。

時期も悪かった。二〇一七年当時は北朝鮮がミサイル発射や核実験を繰り返し、非難の嵐が吹き荒れていた。ミサイルが発射されると、全国瞬時警報システム（Jアラート）が発信され、児童が机の下に避難する騒ぎになっていた。取材しようと思い立つと、北朝鮮が挑発行動をし、もう少し落ち着いてからという仕切り直しが続いていた。

背中を押してもらいたくて、庵逧教授に相談してみた。

「ぜひ取材してください」

一点の曇りもない返信があり、腹を決めた。

そう、実際に見ないことには始まらない。

ただ、丁寧に取材し、慎重に記事を書かねばならない。後で横槍《よこやり》が入るのも嫌なので、支局長に取材する旨を伝えておいた。朝鮮学校は、取材するには覚悟が必要な現場となっているのだ。

『朝鮮学校物語』などを読み、基礎知識を仕込んで学校を訪ねた。

初めての朝鮮学校

児童たちの表情に目を見張った。生き生きしているのだ。

一学年が数人程度で、まるで家族のよう。教室の居心地の良さがすぐ伝わった。

「ミョッサリエヨ（何歳ですか）？」

幼稚園に当たる幼稚班。教室の床にひざまずき、お絵描きをしていた男児に聞くと即答だった。

「タソッサリ（五歳）」

小さなバイリンガルなのだ。

在日コリアンだから、当たり前と思うなかれ。四、五世の時代になり、家では日本語を話し、第一言語（母語）は日本語なのだ。意識して習わないと母国語の韓国・朝鮮語は話せない。教室では原則、朝鮮語が使われ、通い出して三カ月ほどである程度話せるようになるという。

全校児童・園児わずか二五人（取材時）の小さな学校は「小学校」とは名乗れない。学校教育法に基づく一条校でないからだ。自動車学校などと同じ各種学校の扱いだ。親たちが、公立小学校ではなく、授業料が必要なうえに「差別がどっぷりある」（校長）朝鮮学校に通わせるのは、コリアンの血を引く子どもたちに、朝鮮語をはじめ、朝鮮の文化、歴史を学ばせたいからだ。

父子の肖像画は見当たらなかった（かってはあったという）。すべての教室の壁には、軍事境界線のない朝鮮半島の地図が張られていた。日本語や日本の地理、歴史、公民の授業もあり、日本国籍でないと選挙権はないものの、衆院の小選挙区比例代表制度についても学ぶ。この先、暮らし続け、学び、働くのは、日本社会だからだ。

ルポの連載の冒頭をこう始めた。

《朝鮮学校――。「『ああ、北朝鮮の学校やろ』『児童は北朝鮮人やろ』というのが普通にあります。出身地はほとんどが韓国ですよと言ったら、皆さんびっくりしはりますね」。鄭想根《チョンサングン》さん（59）は苦笑いする》

在日コリアンの出身地の九割は、現在の韓国だ。一世たちの多くは地理的に近い半島南部と済州島から渡った。

二世の鄭さんは一九五八年、滋賀県高島市生まれ。二〇一〇年から校長を務める。さばけた性格で、外部との付き合いも広い。公開授業を二五年ほど続け、取材した前年は行事を含め、約二〇〇〇人が訪れたという。

「『何を教えているかわからない』とよく言われます。うちはフルオープンですから、いつでも見に来てください」

地域の理解や協力なしにマイノリティーは生きられない。そんな現実が、その言葉の背景にはある。本来なら、外部に振り回されない「温室」にしておいたほうが安心のはずだが、それでも。

自前の三階建ての校舎とグラウンドがある。他県のように、滋賀県の補助金（取材時・一人あたり年八万円）は減額されていなかったが、夏場にもエアコンではなく、扇風機が回っていた。(3)

児童も減少傾向にある。後日、取材した京都朝鮮第二初級学校（京都市右京区）は、台風被害で壊れた窓を修復できずガムテープで応急措置をしていた。

民族・宗教・言語的マイノリティーの子どもが教育を受ける権利は、さまざまな国際人権基準によって重層的に保護されている。

たとえば、日本政府も批准する「子どもの権利条約」。

《児童の父母、児童の文化的同一性、言語及び価値観、児童の居住国及び出身国の国民的価値観並びに自己の文明と異なる文明に対する尊重を育成すること》（第二九条一項c）などを教育の目標に挙げ、少数民族や原住民の児童が《自己の文化を享有し、（中略）自己の言語を使用する権利を否定されない》（第三〇条）と定める。

日本で暮らす外国人の子どもには、母国語や母国文化などの民族教育を受ける権利（民族教育権）があるのだ。そうした条約の精神は守られているのだろうか。

「オフレコ」を乗り越え

取材当日、一番聞きたい北朝鮮との関係を尋ねようとしたら、包み隠さず話していた鄭校長の口調が突然重くなった。

「北朝鮮との関係については、オフレコでないと話せません」

批判の火種は一つでも避けたいとの趣旨のようだ。初対面で人間関係もできておらず、応じざるを得なかった。

支局に戻った後、作戦を練り直した。読者も知りたいと思うところをスルーする訳にはいかない。ただ、校長からオフレコで聞いた話は取材の倫理上、使えない。「조선」（朝鮮）とタイトルを付けた自身のスクラップを繰り、朝鮮学校の高校無償化除外をめぐる裁判記事でコメントを寄せた在日の研究者を探し出した。

世界人権問題研究センター（京都市中京区）の呉永鎬《オヨンホ》専任研究員（現・鳥取大学地域学部准教授）。

一九八四年、東京都生まれ。幼稚園から大学校まで朝鮮学校で学び、一橋大学大学院社会学研究科博士後期課程を修了。五〇、六〇年代の朝鮮学校の歴史を研究している。

興味深い話が聞けた。

朝鮮学校は五三年以降、北朝鮮から送られた教科書を翻刻して使っていたが、朝鮮戦争直後でもあり、物理の放物線運動に戦車の弾道の挿絵があるなど、在日コリアンにはそぐわない内容だった。このため、六三年から独自の教科書を作るようになった。作成には五七年以降、本国から送金される教育援助費を充てている。本国のチェックが入るものの、編集権はおおむね在日側にある。また、九三年にカリキュラムが大きく変わり、六〇、七〇年代に強かった冷戦イデオロギーや、金日成主席、金正日総書記の父子をあがめる内容はかなり和らいだという。

朝鮮総連の機関紙「朝鮮新報」（二〇二〇年四月一六日付電子版）によると、教育援助費と奨学金が総連に新たに二億一六六〇万円送られ、金日成、金正日、金正恩《ジョンウン》の三氏による、これまでの送金が一六六回、計約四八六億円になったという。

「共和国（北朝鮮のこと）嫌いな保護者はいっぱいいて、『またミサイル飛ばしやがって』とか、文句ばっかり言っています。とはいえ、朝鮮人として育てたくて朝鮮学校に通わせるんですね」

呉さんはそんな実情を明かした。

保護者の思いは、解放直後と何ら変わらない。

朝鮮学校草創期の歴史をひもとくと、拉致事件のはるか前から日本政府が排除姿勢だったことがわかる。

一九四五年夏、在日コリアンが真っ先に取り組んだのは、帰国に備えてウリマル（私たちの言葉＝韓国・朝鮮語）を知らない子どもたちへの民族教育だった。

「知恵のあるものは知恵を、お金のあるものはお金を、力のあるものは力を！」

校舎も教員も不足する中、国語講習所を手始めに学校に発展させていく。四七年一〇月時点で早くも全国六〇〇校近くを数え、約六万人が学ぶようになった。(4) ところが、民族教育に警戒を強めるＧＨＱ（連合国軍最高司令官総司令部）の意向を受け、日本政府は四八年一月に文部省（当時）学校教育局長の通達を出した。

《朝鮮人の子弟であっても学齢に該当する者は、日本人同様市町村立又は私立の小学校、又は中学校に就学させなければならない》（抜粋）

朝鮮人学校の閉鎖命令が出されると、反対闘争が全国に広がり、四月二六日に大阪では抗議活動をしていた金太一《テイル》さん（一六歳）が警察官の発砲で命を落とす事態になった。大阪と神戸の争いを「阪神教育闘争」と呼ぶ。(5) 翌四九年にも朝鮮人学校に閉鎖措置が出され、約四万人が学ぶ三六二校が閉鎖に追い込まれた。

背景には、単独選挙を控えていた南朝鮮（現・韓国）の緊迫化に加え、学校運営や教育闘争の中心となった在日本朝鮮人連盟（朝連）が共産党の影響下にあったことがある。政府は四九年九月に団体等規正令に基づき朝連に解散を命じた。

それでも民族教育の灯は消えず、五〇年代以降に学校が再建・新設され、今に至る。現在、朝鮮学校は幼稚園から大学校まで全国に約四五校、他に在日本大韓民国民団（民団）系などの学校が全国に六校ある。


滋賀朝鮮初級学校の児童・園児は取材時、朝鮮籍と韓国籍が四分の三を占め、その内訳は一対二の比率で韓国籍が多く、残りは日本国籍だった。中国東北部出身の朝鮮族の児童が通っていたこともある。全国的にも韓国籍が多い朝鮮学校が増えている。(6)

朝鮮籍より韓国籍の児童生徒の方が多いのは、読者に訴えやすいかもしれない。そんな私の頭の中を見透かしたように呉さんが釘を刺した。

「世論への反駁《はんばく》の仕方として、『韓国籍五割、日本籍何割で、北朝鮮の学校ではない』などという論が出てくるんですけど、的外れすぎて、そういう弁護は朝鮮学校の人たちは望んでいないと思います。というのは、みんな朝鮮籍ならダメなんですかという話になって、民族教育を受ける権利の話じゃなくなってしまいますから」

よく誤解されるが、朝鮮籍は北朝鮮籍ではない。戦後の四七年に外国人登録令が施行された際、まだ朝鮮半島に国家が成立しておらず、外国人登録証明書の《国籍》欄に記載されたのが《朝鮮》籍だ。地域名を表す記号とされ、国籍ではない。「無国籍」「国籍未確定」ともみなされる。

当初、六〇万人近くいた在日コリアンはみな朝鮮籍だったが、六五年の日韓国交正常化を機に、韓国籍に換える人が相次いだ。協定永住権（当時）が得られ、国民健康保険への加入も認められるようになったからだ。海外渡航しやすいという商売上の理由もあった。

七〇年までに韓国籍が朝鮮籍を上回り、(7)二〇一九年末時点の在留外国人統計によると、韓国籍約四四万六三〇〇人、朝鮮籍約二万八〇〇〇人。朝鮮籍のままの人は、北朝鮮を支持する人がいる一方、分断とは一線を画す、将来の統一を願う立場だったり、韓国の政策に距離を置いたりする人などがいる。

「もともと一つだった朝鮮半島なのに、いまさらどちらか半分を選ばないといけないというのは腑《ふ》に落ちない」

コリアNGOセンター（大阪市）代表理事の郭《カク》辰雄《チヌン》さんの朝鮮籍のパートナーは、こう話しているという。(8)

滋賀のウリハッキョ

「滋賀のウリハッキョ　朝鮮学校で学ぶ」と題したルポは、二〇一七年八月三一日、九月一、八日付で三回連載した。「ウリハッキョ」は、私たちの学校を意味し、朝鮮学校の代名詞だ。「上」の掲載の二日前に北朝鮮がミサイルを打ち上げ、悩みながらの掲載となった。

それぞれの見出しは次の通り。

上《私が私であるために　ルーツを知り　言葉を習得》
中《日本の教育内容も反映　公開授業25年継続》
《カリキュラム　60年代から変化》
下《「公立校に民族学級を」　母語支援、南米の子にも》
《北朝鮮籍ではない朝鮮籍》

「私が私であるために」。この見出し部分が一番伝えたかったことだ。

掲載直後に鄭校長から携帯電話に連絡があり、「支局に抗議活動がないか」と心配いただいた。朝鮮学校関係者は、それが大げさでない環境にいるのだ。鄭校長は〇九年の京都朝鮮学校襲撃事件の際、交流授業のために児童を連れて現場の校舎に居合わせ、ヘイトスピーチの矢面に立った経験がある。余計な反応をもたらさないようにと記事ではあえて触れなかった。

地域面のルポにも関わらず、ネットを通して目にした読者の関心は高く、毎日新聞のサイトには一〇〇〇件を超えるSNSの書き込みなどがあった。共感の声や、知らない実態をよく取材してくれたという感想の他、一部には非難中傷もあった。

取材中に鄭校長がこんな指摘をした。

「母国語を喪失し、日本語が話せない両親と意思疎通がしにくい。そして不登校……。今、南米系の子どもたちが経験していることは、五〇、六〇年前に私たちオールドカマーが経験してきたこと」

　滋賀朝鮮初級学校は毎年開く異文化交流イベント「ウリハッキョ　マダン（広場）」に、県内のブラジル学校「サンタナ学園」（愛荘町）を招待し、児童生徒らにサンバを披露してもらっている。移住理由は一八〇度違うものの、戦前から戦中にかけて来日した在日コリアンを中心としたオールドカマーと、昨今の出稼ぎの延長で定住する南米の日系人などニューカマーに共通課題があることに気づかされた。

　受け入れる私たちの社会に特有の問題があるのではないか。私のライフワークの貴重な視点になった。

　そう、知ることから始まる。

朝鮮の民族衣装でパフォーマンスを見せる滋賀朝鮮初級学校のイベント「ウリハッキョ　マダン」＝大津市で2017年８月

　朝鮮学校に対する警戒心みたいなものは、ほぼ払拭された。「ほぼ」と言うのは、北朝鮮から今も億単位の教育援助費が届いていることへのわだかまりが消えなかったからだ。多くの外国人学校が本国の支援を受けており、特別視することではないと頭ではわかっている。しかし、拉致事件があり、核開発などで国際社会から度重なる制裁を受けている国からの支援となると、心が穏やかでなかった。

ちょっと考えてみよう。呉永鎬さんによると、教育援助費が朝鮮学校運営費の三割ほどを占めた時期もあったが、今はわずかで、年二億円ほどは教科書の作成費に充てられているという。

朝鮮学校は自治体の補助金が減額・廃止されたうえに、高校無償化だけでなく、二〇一九年一〇月に始まった幼児教育・保育無償化制度からも除外されている。児童生徒数も一〇年前に比べて約四割減少しており、経営は非常に厳しい。一九五〇年代には、滋賀県の一九校をはじめ、全国の公立校内に朝鮮学級が編成されるなどしたが、今はコリアンの多い大阪市などに放課後を中心に設置されているにすぎない。万が一、朝鮮学校がなくなったら、在日コリアンの子どもたちが民族教育を受ける場はほとんどないに等しくなる。

好きで日本に住んでいるのだから、日本語を学び、日本文化になじみ、日本国籍を取得すればいいと言う人がいるかもしれない。そんな人には教室を一度のぞいて、はつらつと学ぶ児童生徒の表情を見てほしい。子どもの権利条約を持ち出さなくても、その必要性や有用性が肌でわかるだろう。

そう考えると、拉致事件などがあるからといって、その責任を朝鮮学校に帰するのは筋違いだろう。政治外交面で対応すべきであって、小さな子たちが学ぶ現場に押し付けるのは正しいとは思えない。教育援助費をやり玉に挙げる前に、無償化制度からの除外など差別を解消したうえで論じるべきではないか。この問題は、これからも考え続けたい。

滋賀朝鮮初級学校を訪れ、授業を見学する京都女子大の市川ゼミ生たち＝2019年12月

それからは「朝鮮学校」と聞くと、丁寧語の「アンニョンハシムニカ（こんにちは）」とすれ違いざまに声を掛けてくれた男児や、「歌手になりたい」と、はにかみながら小さな声で話してくれた女児の顔が浮かぶようになった。朝鮮学校と縁のなかった私が、具体的な姿が頭に浮かぶ形で朝鮮学校とつながったのだ。

以来、自宅のある京都や、滋賀の朝鮮学校に何度も通うようになっている。

女子大生とその親

初めての朝鮮学校訪問から一年足らずで遭遇したのが、京都女子大生が流した涙だった。その姿を見た瞬間、新たな取材を思いついた。ピュアな若いゼミ生が朝鮮半島にどんな感情を持っているのか。そんな学生が在日コリアンについて学び、朝鮮学校を訪問したら、何を感じるのか。

法学部の市川ひろみ教授は戦争や貧困、差別を研究対象としている。ゼミでは日本社会のマイノリティーとして在日コリアンに着目し、座学の後、二〇一三年から京都市や大津市の朝鮮学校を訪ね、交流の一環として朝鮮学校に本を贈る活動をしている。最近は私の勤務先の渡来人歴史館（大津市）も見学している。

ゼミに加わった新三年生にアンケート調査をした後、ゼミの教室に飛び入り参加し、朝鮮学校訪問に同行するなど、半年ほど密着取材した。少しでも心を開いてもらおうと、人気の「クラブハリエ」（滋賀県近江八幡市）のバウムクーヘンの差し入れをしたこともあった。ゼミ生たちが「知る」ことによって「考える」ようになった様子を、一九年八月一四日付の地域面特集で紹介した。この三二一〇字に及ぶ一ページ特集は、そのすぐ後に早期退職した私にとって卒論代わりとなった。

《「差別生んだのは、私たちの社会」

在日コリアン学ぶ京都女子大ゼミ生

座学や学校訪問　一から理解深め》

（見出し）

《朝鮮半島にルーツを持つ在日コリアンについて、ほとんど知識がなかった京都女子大法学部の市川ゼミの3年生8人（20～21歳）がその歴史を学び、民族教育を行う朝鮮学校を訪れた。若い感性は何を受け止めたのか》

（記事の前文）

《中田瑛美花さんは「日本人が在日コリアンのルーツなどに無知であることが差別を生み出し

ているのかな」と振り返った。日韓関係が悪化する今、曇りなき目で歴史を学び、在日コリアンの無念さに思いを寄せる若い世代に一筋の光を見た》（結論部分）

「そんなところに行って大丈夫なの」

ゼミ生の中には、朝鮮学校訪問を心配する母と祖母もいた。

訪問の後、家族の態度に変化はあったのだろうか。特集の掲載後も取材を続けた。

ゼミ生は、確かな変化を感じ取っていた。

母と祖母は慰安婦や徴用工など日韓が対立する問題をニュースで見ると、韓国へのマイナス感情を露わにしていた。

「またあの国やで」

「なんや怖い国やなあ」

在日コリアンに対する知識不足からくる警戒感に加え、朝鮮学校と関係ができると、娘（孫）が差別されるのではないかと心配して、「大丈夫なの」となったようだ。

朝鮮学校を訪れたゼミ生は世間話の中で、授業が楽しそうだったことや、生徒たちが披露した演奏や伝統の踊りが素晴らしかったことを伝えた。学校保護者の母親でつくるオモニ会との交流会に参加し、民族衣装のチマ・チョゴリを着せてもらったことなど、自分の目で見たことや体験したことをその都度話したという。

最初は半信半疑だった母と祖母だが、繰り返す話すうちに、娘（孫）が触れ合ったのが「よくわからない」存在ではなく、自分たちと同じ生身の個人だと気づき、その意識が少しずつ変わってきたようだと振り返る。

ゼミ生はこんな答えを引き出した。

《偏見を持った人の意識を変えるには、正しい知識を得ること、そして個人を認識することが必要と思います》

一連の取材で、ゼミ生の一人が漏らした言葉が印象に残った。

「これまで『在日』について学ぶ機会がなかった」

第五章で紹介した神戸大大学院特任教授の李仁義さんが懸念した通りだ。公教育が避けがちな加害の歴史を、自分から知ろうとするのは抵抗があったり、辛かったりするに違いない。しかし、植民地支配されたがゆえに海を渡った人たちやその子孫が「在日」であることに加え、その歴史に無自覚なことが差別や偏見を生む土壌になっているのだとしたら、私たちが目を向けることは、最低限の務めと言ったら言い過ぎだろうか。

ナチス・ドイツによるアウシュビッツ（ポーランド）での収容を生き延び、戦後、アウシュビッツ・ビルケナウ博物館の館長を三〇年以上務めたカジミエシュ・スモレンさんが、来館したドイツ人の若者に語りかけた言葉が伝えられている。

「君たちに戦争責任はない。でもそれを繰り返さない責任はある」

そう、世代が変わった今、私やあなたには未来への責任がある。

もう一つの異文化

異なる民族や文化に対し、違和感を抱いたり、なんとなく警戒感を持ったりして、距離を置きたくなるのは心情として理解できる。しかし、壁をつくって遠ざけるのは不幸なことかもしれない。阻害される異文化の人だけでなく、あなたにとっても。

自分の体験からそう言える。

連載「共生を考える」では、ブラジルやペルーなど南米の日系人労働者の子どもたちの教育現場を主に取材した。

なぜ多くの日系人が母国を離れ、日本の工場などで働き、暮らしているのだろうか。ルーツの地への憧憬《しょうけい》が背景にあるのかと最初は思った。そうではなかった。その大半が実入りの良い仕事を求めて海を渡ってくるという、極めて経済的な理由だった。日系人と言っても、ほとんどの人は日本語が話せない。

きっかけは、一九九〇年の改正入管法の施行だ。「定住者」の在留資格を創設し、日系三世の在留を認め、国内のどんな仕事にも就けるようにした。受け入れの根拠は、日本人との「血」のつながりだ。そして急増したのが日系ブラジル人だった。

日本からブラジルへの移民は一九〇八（明治四一）年から。兄弟の多い農家の末弟らが新天地を夢見て海を渡り、飲んだこともないコーヒーの農園などで働いた。その子孫たちが一世紀を経て、日本に還流した形となった。行くのも、来るのも、経済的な理由が中心だ。

よく取材したのがそのブラジル人で、滋賀県の外国人では一番多い。九七一七人が暮らし、西日本では最多だ。代表的なニューカマーで、全国では約二一万人に上る（二〇一九年末時点の在留外国人統計）。

サッカー王国、リオのカーニバル、アマゾン川、サンバで知られるブラジル。私はクラシック・ギタリストのアサド兄弟のCDを二、三枚持っていたぐらいで、ほとんど接点がなく、関心もなかった。ラテン気質の陽気な半面、時間にルーズ、いい加減、調子者、騒がしいなどという思い込みがあり、あまりいい印象を持っていなかった。偏見の沼からなかなか抜け出せないのが、私の欠点だ。

最初に取材したのが、当時二一歳の高橋ファビオさん。一九九四年、サンパウロ生まれの日系四世。母親が日系でないため、名字とは裏腹に、洋風の顔立ちのイケメンだ。苦労して覚えた日本語でこれまでの歩みを語ってくれた。

八歳のときに一家で渡日し、外国人のほとんどいない公立小学校でいじめられ、生活が荒れ始めた。授業にも出なくなった中学校で、第一章で紹介した在日コリアンの呉山良雄さんの講演を聴いた。

「同じ外国人でここまで頑張っている人がいる。心の中で泣いた」

勉強に身を入れ出し、定時制の県立高校に合格して生徒会長も務めた。社会人になって多文化共生のまちづくりに役立ちたいと、母国語のポルトガル語を地域の人に教えるボランティア団体「カリーニョ」（優しさ、慈しみの意）をつくり、代表に就任した。

来日当初、つらい日々の支えになったのは、福島県出身の曽祖父、高橋六郎さん（故人）の頑張りだ。八〇年ほど前に移民先のブラジルで人一倍苦労しながら六人もの子を育てたと聞き、その生き方を「高橋家のプライド」と表現した。三児の父のファビオさんは今、ブラジル料理のフードトラックを営むが、将来は本格的な起業を夢見る。

「日本に来たブラジル人は『自分たちは日本人より下』と言う。上とか下とかない。まじめに頑張ればいい。外国人が起業というと絶対無理って言われる。なんでって聞くと『外国人やし』。成功している人もおると言うと『たまたまやろ』。自分の前に壁を作っているんです」

来日したブラジル人の多くは日本語が話せず、弱い立場に置かれ、異文化の中で消極的に映るケースもあるが、本来はファビオさんのようにチャレンジ精神に富む。

その後も日系ブラジル人を中心に取材し、少々の失敗にへこたれない、彼らの前向きなバイタリティー、マインドに刺激を受けた。

一二歳で来日し、日本の中学、高校、大学を卒業後、一部上場の商社に勤務し、日本人女性と結婚した日系三世の小野ジュンジさん。取材時二九歳で、日本とブラジルの生活がほぼ半々だった。サンパウロ時代には、母親が経営する店が強盗被害にも遭った。

「日本とブラジル、どっちがいい？」

試しに聞いてみた。

「ルールがきっちり守られているのは日本ですが、わくわくして生きるなら、ブラジルかな」

恐るべしブラジル。

人の心を躍らせる南米の大地。自分の好きなことを好きにやれる、ストレスが少ない社会のようだ。欧州やアフリカ、日本からの移民が多い多民族国家でもある。血統主義の日本とは違って生地主義のため、ブラジルで生まれた子はみなブラジル国籍となる。肌の色が白かろうが、黒かろうが、黄色であろうが、気にしない。

私語を禁じる日本の工場とは違って、作業中にも会話を楽しみ、家族の記念日には必ず休みを取る。日本で言う世間体に縛られず、生活や仕事を楽しみ、家族を大切にしながら、自然体で日々を送る。

素のままでいられる人間らしい生活なのだ。

そして、はたと気づく。いつもいつも日本式にきっちりやることは、本当にいいことなのだろうか、と。ビジネスなど肝心なときは確かにそうだが、日々生活する中で、ブラジル式の「良い加減」というか、もう少し自由になってもよい余地はないだろうか。その方が、ミスや逆境から素早く立ち直れるし、第一やっていて楽しい。

二〇一九年に世界の主要企業を対象にした興味深い調査がある。人種・民族的なマイノリティーを経営陣に積極登用した上位四分の一の企業の利益率が、下位四分の一の企業より三六％も上回ったのだ。調査をした米大手コンサルティング会社のマッキンゼーの担当者は言う。

「似たもの同士の方が、摩擦は少なく、居心地もいい。でも緊張感がある方が『違った発想』が生まれる。成長を目指す時にこそ必要なものです(9)」

異文化を通じ、知らないことを知る。それは、知らない自分に会える、扉でもある。心の鎧を少しは外して、見知らぬ文化の中に飛び込んでみてもよいのではないだろうか。想像とは違う出会いが必ず待っている。

ブラジルやペルーの若いアミーゴ（友人）たちとは今もつながっている。

＊

ブラジルと、安易にひと括りにしすぎたかもしれない。

《国民や民族を単位にした人間の弁別がステレオタイプや偏見に結びつきうるという危険性(10)》があるからだ。

次節でも考えてみたい。

（1）『在日朝鮮人　歴史と現在』一〇七ページ

（2）『韓国のイメージ』六四ページ
（3）待望のエアコンが二〇二〇年夏、八台設置された。京都市の市民団体「こっぽんおり」が設置費を募るクラウドファンディングを呼びかけ、目標額をはるかに上回る額が集まった
（4）『在日朝鮮人　歴史と現在』一一一ページ
（5）『朝鮮学校の教育史』五八ページ
（6）『朝鮮学校物語』二四ページ
（7）『別冊宝島二二一号　朝鮮総聯の研究』五一ページ
（8）『朝鮮籍とは何か』四四ページ
（9）二〇二〇年一二月六日付の朝日新聞朝刊「日曜に想う」（沢村亙アメリカ総局長＝当時）
（10）『韓国のイメージ』一六七ページ

16（십육）知る・考える・つながる

新たな出会い

本書の初稿段階で、高知時代から交流を続ける元高知市職員の西山壽万子さん（一九四八年生まれ）に読んでいただいた。好奇心旺盛で人脈が広く、その判断・分析力を信頼している人だ。一気に読んだという返信があり、偶然にも二五年ほど前に朝鮮半島にルーツがある女性と一緒に、朝鮮国女の墓を訪ねたと記されていた。高知市同和対策課の市民会館に勤務していた九四年、

人権啓発の講演会に講師として招いた女性だ。終了後に「四万十川に行きたい」という要望に応え、その道中にお墓に寄ったという。
その女性から届いた年賀状の画像が追伸で送られてきた。
《あなたが接触すれば、きっと双方に益があると思います》
西山さんは講演の要旨を紹介した当時の高知市広報「あかるいまち」のコピーを市からすぐに取り寄せ、転送してくださった。
《虹のようにそれぞれの色が輝き—多民族共生の日本社会に》
そう題した講演内容を読み、私はその女性に会いたくなった。しかしながら、コロナ禍のため思いとどまり、絵本『むくげの花の少女』を同封して、自己紹介を兼ねた手紙を送った。
そして、神奈川県川崎市の尹《ユン》チョジャさん（一九五一年生まれ）と「出会う」ことになる。取材はメールで進め、全国在日外国人教育研究所の研究紀要などへの寄稿も送っていただいた。

マジョリティーとしての自覚

朝鮮に対する蔑視観をなくす解決法、いや、その糸口だけでも探り出せないか。書き進めるうちに、そんな想いに駆られ、ヒントを得られそうな人を探していた。

尹さんは、父が在日コリアン二世、母が日本人。ハーフではなく、ダブル、ミックスと表現される。母の戸籍に入り、ルーツを知らずに「日本人」として幼少期を送り、知ってからも「朝鮮」を完全排除して一〇歳代を過ごした。葛藤の末に民族意識が芽生え、父の死を機に二六歳から韓国名「尹」を名乗るようになった。

正解がなかなか見つからない質問を投げかける適任者に思えた。

取材の最後に、蔑視観をなくす糸口を探る九つの質問をした。じっくり考えてもらおうと、メールには《急ぎません》と付記した。月が変わっても返事がなかった。じりじりしながら待った。

様子うかがいのメールを出すと、こんな返信があった。

《この宿題?のおかげで、自分の考えをまとめる機会をいただき、よかったと思っています。難問ですが》

回答が届いたのは、ほぼ一カ月後だ。

一番刺さったのは、私への問いかけだった。

こんな質問をした。

Q・マイノリティーが、マジョリティーの社会の中で、関係を築く上で、考えておかなければいけないことはありますか?

尹さんは、在日コリアンに対する無知・無理解が教師や行政関係者にもあると指摘する。日本で生まれ育ち、尹姓を使う娘が中学校で「漢字は大丈夫ですか」などと聞かれた不合理な経験を綴っていた。

《問題局面によってはわたしがマジョリティーになっていることもあるわけです。わたしはむしろ、マジョリティーになった時にその特権性を自覚してどう行動するか、の方が迷うことも多い》

そして、私への問いかけがあった。

《お尋ねしたいのですが、マジョリティーとしてどんなことを配慮されておられるのでしょうか？》

はっとした。

自分がマジョリティーに属するとは正直、自覚していなかった。マジョリティーがこうして無意識でいられる社会・空間は居心地が良くても、少数派にとってはさまざまな地雷が潜むはずだ。マジョリティー側にその自覚がないため、無神経な言動や行動が簡単になされる。

聞いたばかりの神戸学院大学現代社会学部の李洪章《リホンジャン》准教授（一九八二年生まれ、エスニシティ論、在日朝鮮人研究など）の話が頭に浮かんだ。母校の滋賀朝鮮初級学校（大津市）での講演だ。

李さんは中学から日本の学校で学んだが、いじめはほとんどなかったという。それでも、マイノリティーの置かれた居心地の悪さをこう振り返った。

「差別のリスクに常におびえ、差別が顕在化しないように気を払う日々だった。いじめられる前に、弱そうな子をいじることさえした。今では後悔していて、現在の活動の原動力です」

たとえ差別やいじめがなくても、おびえがつきまとうとは。

自分がマイノリティーになることはないだろうか。心当たりがあった。海外旅行だ。大半は韓国で、日本語を話すのは歴史的経緯から気を遣い、不要な衝突や誤解がないよう緊張し、後ろ指をさされないよう行動にも注意する。旅行者が一時的に体験する、その緊張状態がずっと続くのが、異国で暮らす民族的マイノリティーなのだ。

小さな攻撃

尹さんは、初めて見る言葉を最後に記していた。

《マイクロ・アグレッション》

直訳すると「小さな攻撃」。調べてみた。差別や傷つける意図がないのに、相手の心に影を落とすような言動や行動をしてしまうこと。尹さんが挙げた参考書籍『多文化社会で多様性を考えるワークブック』を取り寄せた。

マイクロ・アグレッションの一例として、普段、外国人に掛けがちな言葉が紹介されている。

「わー、日本語おじょうずですね」

私もよく使う言葉で、戸惑ってしまう。しかし、賞賛の気持ちで言ったとしても、聞き手は自分が外国人だという無意識の区別を感じてしまうことがあるという。

「あなたはわたしたちとは違う」

そうした隠れたメッセージを送ってしまう場合があると解説されている。自分の体験を振り返ってみれば、ソウルの博物館に立ち寄って、

「イルボネソ　ワッネヨ（日本から来たんですよ）」

と韓国語で話し掛けているのに、即座に日本語のパンフレットを渡されたときの、ありがたいけれど、どこか寂しい気分に近いのかもしれない。

中には、日本語がうまいと褒められて、素直に喜ぶ人もいるだろう。同じ発言でも気になる人と気にならない人がいること、話し手に悪意がないため人を傷つけているという自覚がないことを、同書は注意点に挙げる。

《明らかな差別や偏見と違って、わかりにくい部分が多く、受け取る側に差があることがマイクロ・アグレッションの問題を複雑にしています》（五四ページ）

この種の発言を一〇〇％控えられるか、正直言って自信がない。何が「攻撃」になるかの判断も難しい。ただ、民族をはじめ、ある特定の人たちをステレオタイプで捉えることは、不快を与えかねず、一つ間違えると、差別や偏見につながりかねないことだけは、頭に入れて置きたい。

尹さんは、自分を振り返る点検軸のようなもので、点検で終わってはいけないという。回答の中で、自身が差別者にならないため、こんな意識付けを記している。

《多くの被差別者の友人のことを思い浮かべながら、自分だったらどう思うか、どうするか、という発想を持つように心がけています。他人事ではなく、自分の問題として感じ、捉えるよう

にすることが、自分を差別者にしないために必要です》

自身が差別者になるかもしれない。なかなかそうは思えないが、尹さんが敏感なのは、その境遇にあった。

日本国籍で民族名

「私にはなんでパパがいないの？」

一一歳の小学生、鈴木照子さんが尋ねると、母は想像もしなかったことを明かした。

「朝鮮人だったから、あんたの将来のために別れた。朝鮮人とばれたら、就職も結婚もできない。パパのことは口が裂けても他人に言うな」

ショックだった。

この小学生が、尹チョジャ（照子）さんだ。

両親は婚姻届を出さず、尹さんが生まれると私生児として母の戸籍に入れた。

「帰化するまで、頼むからあんたの籍に入れてくれ」

父の尹炳碩《ビョンソク》さんが涙ながらにそう懇願したからだ。炳碩さんは、朝鮮南東部の慶尚道から二歳のときに母に連れられ来日した。「平沼俊一」という通称名で生活し、朝鮮人であることをひた隠しにした。

尹さんは母と言い争うようになった。

「なんで生んだ。生まれて来ない方が良かった」

「朝鮮」という言葉が怖かった。朝鮮人とばれていないか、日本人に見えているか、気を遣うようになった。隠せ、隠せ、と。

髪を真ん中から分けたら友人が言った。

「何、そのチョーセン分け、やめなさいよ」

すぐに横分けに変えた。

鮮やかな緑色が「チョーセン色」と呼ばれるのを知り、その色を毛嫌いした。

都立高校で社会問題研究会に入り、ベトナム反戦運動のデモに参加した。父のことを隠していては親友になれないと、こっそり話すと、一人の友人から激しく怒られた。

「あなた自身が朝鮮人を差別している」

そして、朝鮮の歴史や差別の問題を学び始める。反戦運動で高校を自主退学させられ、大阪の定時制高校に通い始めた一八歳の頃だ。

一二年ぶりに再会した父が諭した。

「パパのことを言うたらあかん」

「なんで隠すの?」

「損やねん」

父は顔を歪ませ、目を伏せて一言だけ漏らした。

《日本人という安全なところにいる私》が、父を責め、傷つけていた。父のことを知りたい。そう思うようになって間もない一九七五年一一月、父は脳溢血のため急逝した。四七歳の若さだった。

「生きている間は妻子のためにその存在を隠され、死んだ後も残った者の保身のために隠される父のことを思うと、やりきれなくなりました。このうえ、娘の私まで父を隠したら、父という朝鮮人が生きた事実はかけらもなくなる、せめて父の子であることを隠さずに生きたい」

（高知での講演要旨から）

二四歳での転機となった。翌七六年から東京都で教員として働き出し、小学校や養護学校で勤務した。二六歳のときにボランティア活動で川崎市の在日コミュニティーと関わり、川崎市に転居した。

個人の生活で「尹」と名乗るようになり、在日コリアンの多い都立小学校に転勤した八〇年、意を決して学校での「尹」姓使用を宣言した。そして、戸籍上も「尹」に改姓するため、横浜家裁川崎支部に申し立てた。一度目は八四年に却下されたが、二度目の八九年にようやく認められた。

八九年五月九日付の読売新聞東京本社朝刊によると、もともと日本姓の人に親の韓国姓を認めるのは全国で初めて。家裁川崎支部の千葉裕・家事審判官はこう判断したという。

「約十年にわたって社会的に尹姓を使用して定着しており、申し立ては戸籍法、民法上のやむを得ない事由に当たる」

尹さんの粘り強い闘いが風穴を開け、その後、在日コリアンや中国人に民族名への改姓が柔軟に認められるようになった。

数年後、全国紙で経緯を知った高知の西山さんに講演に招かれ、こう語った。


「名前は生き方を表す大切なものです」

「本音で出会いたい、素顔で出会いたいという願いからなのです。（中略）人は知らないものに偏見を持ちがちです。偏見を修正してくれるのがふれあいです。ふれあうことなしに差別はなくならないと思うのです」

「私が尹と名乗ることで、出会う人に朝鮮のことを投げ掛け、本音が出てくるのを待っているのだと思います。（中略）私が望んでいたのは差別されないことではなく、差別されてもいい、見せかけの出会いをしたくないことだったのだと最近気づきました」

現実の社会は、一筋縄ではいかない。入居差別など不利益な扱いも受けた。教員時代には管理職や同僚からの無理解や偏見に遭遇し、今もチマ・チョゴリを着ることによるあつれきがある。
《民族名を名のって生活することは、毎日が闘いの連続になる》
後悔はしていない。二人の子も、進学も就職も結婚も民族名を貫いてくれた。長鼓《チャンゴ》の演奏など、あれほど全否定していた朝鮮文化を美しく、誇らしいものと思えるようになった。

《差別に目が曇っていると、美しいものも美しいとは見えない》

いま、改姓した理由を問われたら、こう答える。

《韓国・朝鮮の名前が好きだからです》

当事者を知る

Q・一般の人の心に潜む朝鮮に対する蔑視観を少しでも変えるためには、どうすればいいと思いますか？

尹さんはこう答えた。

日韓の歴史的経緯について、家庭でも学校でも教えられず、知らないことで悪いイメージ、間違った認識をしているとし、報道などの影響で、日本社会全体に「韓国人は反日だ」という誤解が生まれ、五歳の子でさえ、こんな発言をしたという。

「韓国は悪い国だから、無くなっちゃえば良いのにね」

大人の意識が、子どもの心にそっくり反映されていた。

《少しずつ認識が進むように、偏見・差別が少しでも是正されるように、丹念にあきらめず、伝えていくことしかありません。偏見・差別についての話しあいが人々の中で進むよう、当事者

の語りを中心に交流したり、講演や学習の場を増やしたり、多くの人が正しい歴史認識を持つ必要があります》

Q・蔑視観をなくす一つのきっかけは、相手（対象）を知ることではないでしょうか？

《ほんとにそう思います。小学校の現場で子どもたちが、偏見を見事に修正していく過程をたくさん見てきました。知らないから、怖れたり偏見を持ったりするのです。人間同士の交わりができると、人間の中にある相手を受け入れたい、という気持ちが成長します》

尹さんは赴任先の小学校で、朝鮮文化クラブをつくって学芸会に参加した経験がある。クラブの結成を望んだ一人の在日女児の元に一一人の日本人児童が集った。朝鮮のきれいなものを披露しようと、ソゴ（小太鼓）の踊りや、チャンゴ（長鼓）、チン（銅鑼《どら》）、プッ（太鼓）、ケンガリ（小《こ》鉦《がね》）という伝統楽器の合奏、長いリボンの付いたサンモ（帽子）で円を描くなどの伝統芸能に挑戦した。

「いい加減な内容なら、朝鮮文化がばかにされる」

「（女児を）劣る目で見てほしくない」

そう誓い合って、ときには衝突しながらも練習を重ねた。本番は感動の拍手が沸き起こる出来栄えで、学校では朝鮮文化ブームが続いたという。

朝鮮に「明るく」出会う

京都市で主に小学校教諭として、在日コリアンの児童を数多く指導した大津市の松下佳弘さん（一九四八年生まれ）にも尋ねた。

松下さんは、教員時代に通称名やアイデンティティーなどに悩む児童の姿を見て、戦後の朝鮮人学校の教育実態に関心を持った。定年退職後に京都大学大学院に進み、年下の院生に交じって研究を進め、七〇歳になって教育学の博士号を取得した。二〇二〇年に論文を元にした初めての著書『朝鮮人学校の子どもたち』（六花出版）を上梓した。

自身の体験に基づいたメモが返信されてきた。

一・朝鮮人や在日コリアンに対する偏見・蔑視

長野県の山村で生まれ、育った。小学校低学年の頃、「木下」さんという土建業をしている朝鮮人一家が近所に住んでいた。白い着物、白いひげをはやしたおじいさんがおり、河原を歩いているのを見ると、橋の上から何人かで「チョウセン！　チョウセン！」と石を投げる「遊び」をした。わからない言葉で杖を振り回して追いかけてくるのがおもしろいという意識が子どもたちにしみ込んでいた。今にして思えば、天竜川支流の水力発電のダム工事に動員された一家が戦後も住み着いていたのだろう。

《敗戦直後に生まれた私の世代で朝鮮人の存在が身近にあった人々には、これに類する幼少期の経験をもつ場合が多いと思われます。地域の中に朝鮮人に対する侮蔑の念がふつうに空気のようにあり、発せられる「チョウセン」という言葉には侮蔑の意味合いが込められていたと考えられます》

二・自身の転機
七〇年代に在日朝鮮人が声を上げ、彼らの置かれた不条理な状況に気づき、在日の歴史を知るようになった。

三・蔑視を再考させる材料や切り口
・在日の人に出会うこと
・歴史を知ること
京都市の公立学校教員として、八〇年代以降、同僚の教員や児童生徒に対して取り組んできたのも、この二つに集約できる。
《とりわけ、小学校でしてきたことは「朝鮮に明るく出会う」という文言に集約できます。八〇年代あたりまで「朝鮮」を知る（出会う）契機は決して明るいものではなかったからです。「あそこの人たちと遊んだらあかん」

などと親から言われてきたことから、まずは学校では、明るい出会いをさせようとしたわけです》

小学校低学年では、朝鮮民話、歌、民俗遊びなどに触れることで隣国やその人々に親しみを持たせ、高学年では朝鮮とのつながり（渡来人や朝鮮通信使など）を知ることに重点を置いた。六年生や中学校では、植民地支配や在日の存在を知るような配慮をしたと振り返る。地域は違っても、たどり着いた取り組みは同じ教員の尹さんと似ている。

《その国や人々の生活にふれる（知る）ということからまずは始まるということは今も通じることではないでしょうか》

若い世代もやはり

若い世代の意見も聞きたかった。京都女子大法学部の市川ゼミの四年生（取材時）二人にメールで尋ねると、一週間ほど後に考え抜いた回答が返ってきた。

ネット上のヘイトスピーチ規制をテーマに卒論を書いた中田瑛美花さん（一九九九年生まれ）は、朝鮮学校を例にゼミで学んだことを記していた。

《日本の一般的な学校とは異なるため（高校無償化から）除外されても仕方がないとすら思っていました。しかし、この多数派とは異なる少数派が除外されても仕方がないという考え方こそが、

実は差別や偏見でした》

差別や偏見は誤解や無知から生まれやすいため、まずは正しい知識を習得することが大切としながら、その難しさも自覚していた。

《(自分の)偏見は経験や学校教育の影響で育まれたもので、意識的に変えようとしても、無意識に染みついた差別的な言動や考え方をしていることがあります。しかし、自分が無意識に発した差別的な言動や考え方が、偏見であると客観視できるようになったことは、自分の中の偏見の意識をなくすための一歩と考えています》

「昔は北朝鮮が怖いと思っていたが、嫌悪感だけを抱くのは無責任じゃないか」

初めて取材した際に、そう話したのが森本佳那子さん(九八年生まれ)。朝鮮半島が南北に分断されたのも、もとを正せば日本の植民地支配に端を発しているのではないか。この若さでそこまで思いを至らせていることに驚かされた。

日韓が市民レベルで交流するために何が必要か。

《日本の歴史教育から変えなければならないと思います。私が受けてきた暗記重視の歴史教育では朝鮮半島に興味を抱くことが難しく、仮に興味を抱いた場合、自分で調べることに危険性があると感じています》

危険性とはなんだろうか。重ねて聞いてみた。

《慰安婦や日本の植民地支配などをネットで調べると、それらを肯定し、美談のように書いてあるサイトもありました。特に日本と朝鮮半島の関係性に関しては、ネットや本にひどい情報が多すぎるため、自主的に調べた場合、偏った知識を得る危険性が高いのではないかと感じています》

一つの色でない歴史

そう、歴史を知る際には、それを見誤る危険性がつきまとう。

仕事上指導いただいた在日コリアンの六〇歳代の男性から間接的に教わった。韓国の高麗大学校に留学歴があり、在日コリアンの歴史に詳しい。日本統治時代にインフラの整備が朝鮮で進み、身分制度が解消されたことなどから、植民地支配を完全否定せず、私の歴史観と相反した。互いのボルテージが上がり、おしかりも受けた。

「もっと勉強してください」

知識不足はその通りだが、植民地支配を繰り返し、日本を再び戦争をするような国にしないことが、記者時代からの私の原点であるため、そこは譲れない。

ただ、冷静に考えてみると、傾聴に値するところもあった。男性はこんな趣旨のことを言う。

植民地期のすべてが暴力的で、過酷だったと全否定するのは、当時、その中で生きた朝鮮人をいわば愚弄するもの、つまり言いなりにしかなれない弱い存在だとみなすことになる――。

「朝鮮人はそんな弱い民族じゃない」

日本側の統治政策が理不尽ばかりだったなら、もっと抵抗していたはずだというのだ。男性は、その証拠に三・一独立運動以降、大規模な抵抗が起こらなかったことを挙げる。

協力的な朝鮮人をつくるなど、朝鮮人を分断させる狡猾《こうかつ》な統治方法も念頭に置かねばならないが、一考に値する問題提起だ。植民地期の政策を非難し、頭から切り捨てるのではなく、その中身を一つ一つ丁寧に見なくてはいけない。そうでないと、歴史を見誤る危険性があると気づいた。

そんな折に読んだのが、京都大大学院の小倉紀蔵教授の『朝鮮思想全史』。韓国や北朝鮮の歴史書はどれもこれも、儒教の歴史叙述の方法論である「春秋の筆法」と手厳しく非難する。

《歴史において誰が善で誰が悪であるかを明確に分類し、悪を糾弾するのが正しい歴史記述であるという考えである。韓国や北朝鮮、さらに在日朝鮮人や朝鮮史専門の日本人が書く朝鮮の歴史のなかで、この「春秋の筆法」から離脱しえているものは少ない》（一一〇、一一一ページ）

私にもチクリとする指摘だった。新聞記者時代も、この本を書いている今も、被害者に寄り添おうとするあまり、歴史的事実に単純に白黒をつけすぎていないだろうか。

こうした出会いから、この本の第二章に、労働者動員の際、自ら望んで渡日した朝鮮人がいたことや、「言葉が抹殺された」と表現されがちな朝鮮語が私的な場では話されていたことなどを盛り込むようにした。

歴史は、一つの色ではなく、さまざまな色で構成される。全体としては、暗色ではあっても、真っ黒ではなく、所々にある赤や緑色にも注意を払わなければならない。一色でしか見ようとしないのは、歴史を見誤ることになる。

特定の誰かと

漠然と考えていたことが、確信に変わりつつあった。

昔から言われてきた当たり前のことだ。なんだそんなことかと言われるかもしれない。

蔑視や偏見をなくすには、まず対象（相手）を正しく知ること。勉強して知ろうとすると、堅苦しくなったり、構えたりするので、松下佳弘さんが言うように、できれば「明るく」知る。私のように映画でもいいし、女子大生のようにK-POPでもいい。話題のドラマ『愛の不時着』のイケメン俳優、ヒョンビンさんからでもいい。

そのうえで、あれこれ考えてみる。どうして在日コリアンが日本にいるのか、なぜ隣国の人は敵意を持ちがちなのか。ときには、自分の身に置き換えて。ただし、偏った情報にはまり込む危険性もあるので、情報源は幅広くする一方で、見極め・選別もしなくてはいけない。読んだ入門書に共感・納得すれば、その本の参考文献を元に読み進めても良い。私の場合、京都女子大の市川ゼミで輪読していた『在日朝鮮人ってどんなひと？』の参考文献から読書の輪を広げていった。

最後に、ぜひ勧めたいのが、特定の誰か、在日コリアンや韓国人と出会い、知り合いになること。名もない朝鮮民族集団ではなく、金さん、金村さん……。名前があり、顔を思い浮かべられる誰かとつながる。

知らない人、それも外国人と接するのは、少し勇気がいるかもしれない。でも、在日コリアン相手だとありがたいことに言葉の壁はない。コロナ禍が終息したら、交流イベントに出かけても良い。民族学校に連絡を取れば、見学できるかもしれない。

もちろん、出会った人は民族の代表でも、普遍的な存在でもない。考え方や文化、作法などにきっと違いがあるだろう。それは、嫌な気がするだろうか。変だなと思うのと、面白いなの中間ぐらいではないだろうか。

目新しくもない、この当たり前をすることが、偏見を取り払う一歩になるはずだ。

知る→考える→つながる。

もちろん、つながりながら、知り、考える場面もある。

隣国の政府が強硬姿勢を取ったり、過激な市民が国旗を燃やしたりしても、自分の知っている金さんなら、どう考えるだろうか、どう反応するだろうか。そう考えることで、捉え方は違ってくるだろう。

過激な事象が起こりうるかもしれない要因について、歴史を少しでも知ると、思い当たる節があるかもしれない。「反日」と安易に烙印《らくいん》を押すのも、慎重でありたい。烙印により思考停止すると、相手を見る目が曇り、実態を把握しづらくなってしまうからだ。

二〇一八年六月、大阪府北部で震度六弱の激しい地震が発生した。その直後、韓国の友人から、京都に住んでいる私の安否を気遣うＳＮＳ「カカオトーク」[1]のメッセージがハングルで届いた。

《大阪で地震が発生したそうですが、被害はないですか?》

《幸いなことに被害はありません》

ちょうどサッカーのロシアＷ杯期間中で、韓国代表が初戦で惜敗したことから、それを残念がるメッセージも返信に添えた。すぐに返信があった。

《あすの日本戦、応援します》

ひらひらと日の丸を振るキャラクターが付いていた。

（1）　無料でメールや電話ができる韓国企業のコミュニケーションアプリ。韓国では「ＬＩＮＥ」よりも主流

17（십칠）　日本人って

一方的に外国人

国民は、すべての基本的人権の享有を妨げられない

日本国憲法第一一条（一九四七年五月三日施行）

台湾人のうち内務大臣の定めるもの及び朝鮮人は、当分の間、外国人とみなす
外国人登録令第一一条抜粋（一九四七年五月二日施行）

「見比べて、何か気づくことがありますか」

渡来人歴史館（大津市）の団体来館者には、二つの条文をスクリーンに映し出して、こう問いかける。

「朝鮮人と台湾人が外国人扱いされて、憲法で基本的人権を守られるべき『国民』から外れることになった」

勘のいい人はそう答える。ただ、法的にはまだ日本人だ。

実は、もう一つ気づいてほしいことがある。

それは、双方の日付だ。外国人登録令が公布・施行されたのは、憲法施行の前日なのだ。「国民」の権利の擁護を高らかにうたう新憲法が施行される前日に、新憲法では認められない最後の勅令が出された。法的効力のある天皇の命令だ。今では、いわゆる社会権(1)はできるだけ外国人も享受できるように解釈するのが憲法の人間尊重の精神と解釈されているが、一日違いというタイミングに冷たさが潜んではいないか。

朝鮮人や台湾人が実際に日本国籍を喪失するのは五二年四月。太平洋戦争を法的に終わらせる

サンフランシスコ平和条約の発効のときだ。法律ではなく、法務府（現・法務省）民事局長の通達によるものだ。朝鮮人の場合、韓国を併合した一〇年に一方的に「日本人」にされ、五二年に一方的に外国人とされた。

同じ敗戦国のドイツは異なる対応をした。ナチス・ドイツに併合されていたオーストリアが分離する際、在独オーストリア人を原則、オーストリア国民としつつ、希望すればドイツ国籍も保持できる法律を作った[2]。

渡来人歴史館の館長で、在日コリアン二世の河炳俊さんは言う。

「（日本国籍を喪失した）五二年当時、わずか四歳やけど、国籍をどうするか自分に聞いてほしかった」

国際法を専門とする大沼保昭さんは、当時、韓国・北朝鮮政府も、在日韓国・朝鮮人の指導者も、知識人も、日本国籍がなくなることを「日本の支配からの解放」と当然視したが、「解放」とは正反対の権利剥奪《はくだつ》でしかないと断じる[3]。

こうして、在日コリアンは「国民」として納税義務を負いながら、国内法が定めるさまざまな権利から国籍条項を理由に排除され、日本人に著しく劣る法的地位に甘んじることになった。

その後、当事者の粘り強い法廷闘争や日本人支援者の活動、国際人権規約などの「外圧」で、徐々に改善されてはきたものの、地方参政権や、常勤講師どまりで管理職になれない公立学校教員など、課題はまだ残っている。

来館者への説明の最後には、スクリーンにこんな言葉を映し出す。東京経済大学の徐京植《ソキョンシク》教授の著書『在日朝鮮人ってどんなひと?』からの引用だ。

《マイノリティについて知ることはマジョリティについて知ることであり、在日朝鮮人について考えることは、日本という社会、そして、多数者である日本人自身について考えることだ》

(八ページ)

それから説明を補う。

「なぜ在日コリアンについて、こだわって説明するのかと言うと、実は、日本人や日本社会を映し出す鏡みたいなものだからです」

ホワイトボードにまず日本人と外国人を意味する長棒を一本ずつ描く。

「棒は二本ではなく、実はこんな感じではないかと思うんです」

そして、一本の棒を描き、先頭に《日本人》と書き加え、棒のおしまいに《外国人》と書く。

「別の世界があるのではなくて、実は地続きなんです。外国人の人権が守られない社会は、障がい者であったり、非正規雇用者や性的マイノリティーであったり、外国人の次に弱い立場の人たちの人権も守られなくなる可能性があるのではないでしょうか」

こうして一時間程度の下手くそな説明を終える。

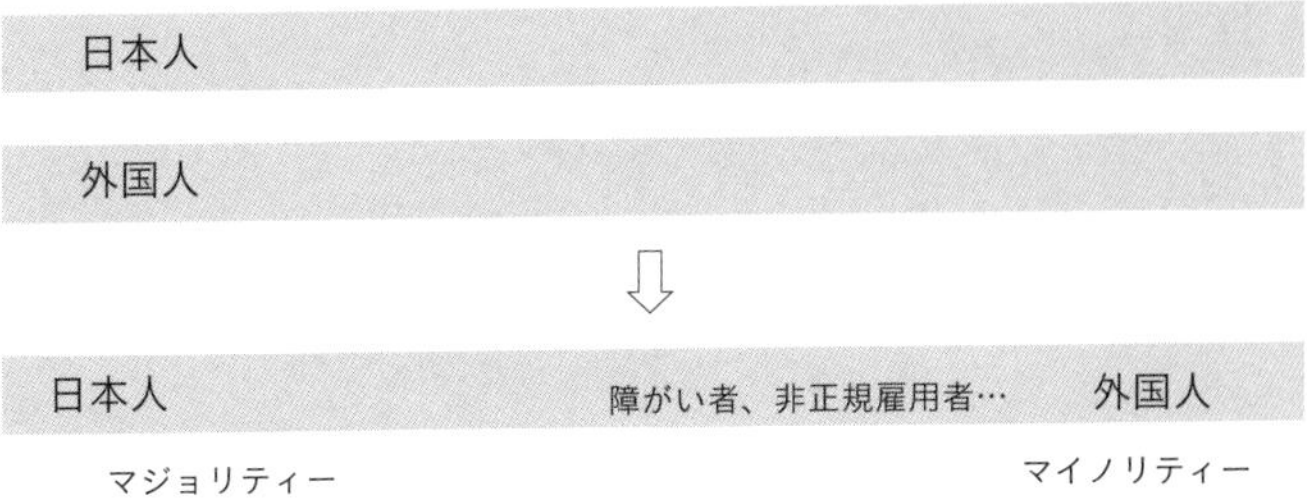

※右に行くほど、社会的立場が弱くなる

日本人という根拠

ある日、目覚めたら記憶を失っていた。

目はつぶったままにする。

自分は何者か。性別もわからない。肌の色も髪の色もわからない。

頭の中で物を考えると、言葉が浮かんできた。そうだ、これは確か日本語だ。日本語を話すから、わたしは日本人なのか。

おそるおそる目を開けてみる。手を見ると、黒色をしている。黒人なのか？　いや、白色だった。頭の中に浮かぶのは、やはり日本語。では、白人？　それでも頭に浮かぶのは日本語だ。わたしは誰？　何人なのか？

日本語のこの本を読んでいるあなたに聞きたい。

「あなたは、何人ですか？」

「日本人です」

多くの人はそう答えるだろう。

重ねて聞く。

「その根拠はなんですか?」

「国籍が日本だから」

ある人は言うだろう。

別の人は——。

「見たらわかるでしょ」

「日本語話してる」

「大和魂持ってるから」

「礼儀正しく、清潔好きだから」

国籍は民族と違うし、簡単に変えられもする。

外見だけでは、中国人やモンゴル人とも区別がつかない。

言葉と民族は違う。

さらに主張するかもしれない。

「代々、日本に住んでるから」

「代々って、いつからですか」

一〇代前の先祖は、何という名前で、どこに住んで、どこの誰と結婚したのですか? 二〇代前は?

少なくとも、私は答えられない。

肌の色とわたしは関係がない。

話す言葉も、わたしと直接関係はない。

不安渦巻く中、誰かが声を掛けてくれた。

思わずほほ笑む。うれしい。温かい食事を出してもらい、ゆっくりかんで味わう。おいしい。しあわせだ。

声を掛けてくれるあなたが、食事を出してくれるあなたが、好き。あなたの国籍や属性、肌の色、肩書きが好きだからではない。そこにいる、あるがままのあなたが好きなのだ。

お返しに、あなたを笑顔にしたい。頑張ってみる。

どこの誰でもない、あるがままの、ただの、わたし。


壮大な話をしよう。

人類の共通の祖先であるホモ・サピエンスは約二〇万年前にアフリカで誕生し、七万〜六万年前にアフリカを離れ、世界各地へと拡散の旅に出た。広大なユーラシア大陸を東へ進み、日本列島には約三万八〇〇〇年前以降、大陸東端の朝鮮半島をはじめ、沖縄など南西諸島や当時陸続きだった北海道から渡ってきたとみられる(4)。彼らは縄文人へと連続していったようだ。弥生時代に水田稲作の技術を持った大陸系のグループが九州北部から日本に入り、弥生人となり、縄文人と

■人類（ホモ・サピエンス）の拡散の旅

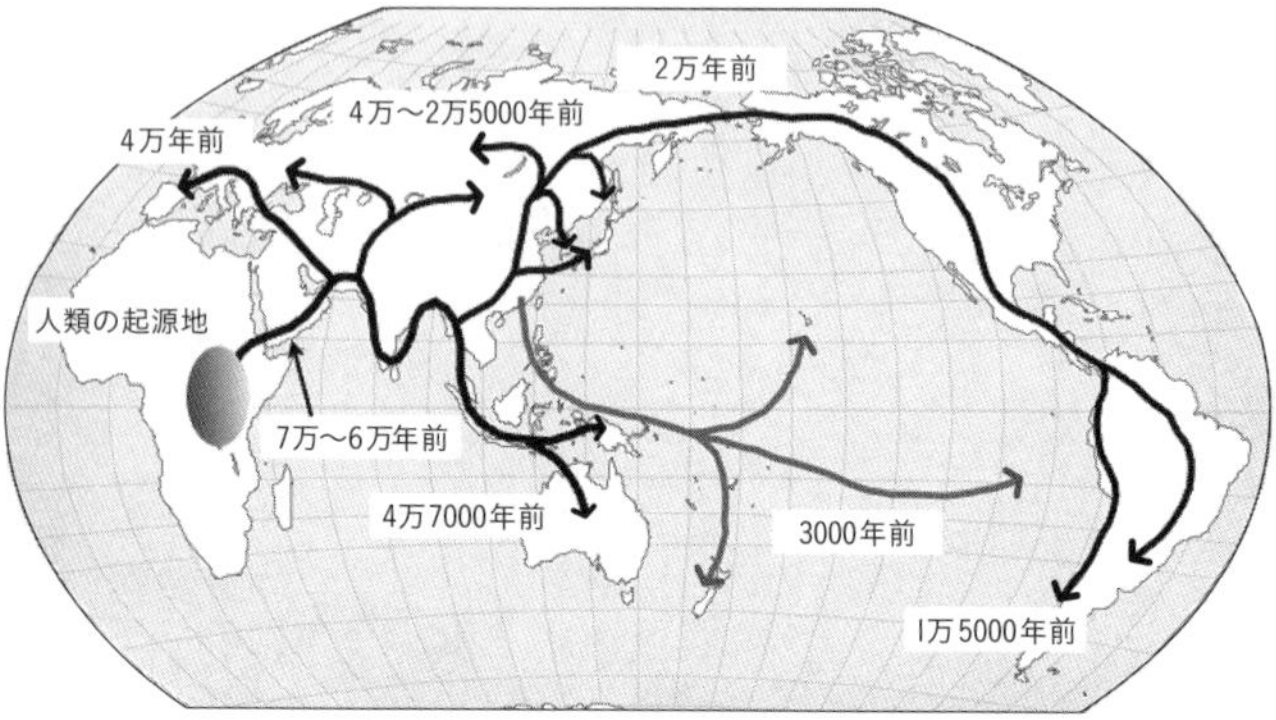

国立科学博物館・篠田謙一氏の第36回雲南懇話会（2016年）資料
(https://www.yunnan-k.jp/yunnan-k/attachments/article/893/20160319-36-05-shinoda-slide.pdf)より作成

混血しながら列島を拡散し、現在につながる日本人が形成された。その後も大陸など海外からは少なからぬ人が列島に渡ってきた。戦時中には望まぬ渡日があり、近年は労働者として望んでの定住もある。

渡来人歴史館の河館長は言う。

「日本列島に早くに来たか、遅くに来たかの違い」

朝鮮半島や外国にルーツがあり、日本国籍を取った人がいる。立派な日本人だ。国籍を変えない人もいる。それでも日本人や文化が好きで、日本に暮らしている人がいる。どちらもいいじゃないか。かなうなら、元の文化や習慣を持ち込んで、多様性という刺激を同質社会の日本に与えてくれたら楽しい。

「遅くに来た人」も一世紀、二世紀と時が巡れば、「早くに来た人」になる。

日本人は、単独の大和民族が古来続いているのではない。アジア系の大陸やアイヌ、琉球などの血も入って、今に至っている。外見的には均一に見えても、単一民族国家では決してない。人類進化学者の海部《かいふ》陽介・東京大学総合研究博物館教授が明確に書いている。

《人類史の中では集団の移動と混血、文化の伝播と相互作用が繰り返されているため、事実上〝純粋な民族〟や〝純粋な文化〟は存在しない》（『日本人はどこから来たのか？』二〇八ページ）

平安初期の八一五年に編さんされた『新撰姓氏録《しんせんしょうじろく》』は、京と畿内に居住する氏族の系譜を収録している。一一八二氏のうち、三二六氏と全体の三割近くを占めていたのが、中国大陸や朝鮮半島をルーツとする渡来系氏族（諸蕃）だ。(5) 内訳は、漢一六三氏、百済一〇四氏、高麗四一氏、新羅九氏、任那《みまな》九氏。「漢」は、中国系だけではなく、朝鮮半島からの氏族がかなり加えられているという。(6)

七世紀末から二〇〇年余りの間、現在の中国東北部や北朝鮮の地域に渤海《ぼっかい》という国があった。高句麗の後継国で、「海東の盛国」と称された。日本とは唐以上に交流し、三五回ほどの使節を派遣してきた。季節風や海流を利用して日本海を横断し、現在の福井県敦賀市など日本海沿岸に上陸して平安京などを訪ねた。渤海滅亡直後の九二九年にも丹後国竹野郡大津浜に九三人が上陸したとの記録が残る。一行は数カ月滞在したものの、入京は認められず、追い返されたとされる。滞在場所は京都府京丹後市網野町の横枕遺跡との見方がある。(7) 何らかの理由で、帰国しない使者が一人でもいたら。そして丹後の地に住み着き、伴侶と巡り会い、子孫を残したとしたら。

「韓国人かと思った」

ソウルを旅し、友人や利用した店の店主からそう言われることがある。父方、母方もみな日本人の私だが、父方のルーツの地は、網野町の東隣りの間人《たいざ》だ。もしかしたらそうした子孫の血が入っていてもおかしくはない。

朝鮮半島を蔑視する人がいる。気づいてはいないものの、千数百年前に大陸から来た先祖を持つ人かもしれない。あなたは、あなたを形作る、いわば、あなたの一部に侮蔑の眼差しを向けられますか。

（1）『Q&A　在日韓国・朝鮮人問題の基礎知識【第2版】』一一七ページ
（2）『「歴史認識」とは何か』一一〇ページ
（3）『同』一〇八、一〇九ページ
（4）『日本人はどこから来たのか?』一一三ページ
（5）『渡来人と帰化人』二七一ページ
（6）『渡来の古代史』四三、四四ページ
（7）伊野近富『丹後の迎賓館』(http://www.kyotofu-maibun.or.jp/data/kankou/kankou-pdf/ronsyuu6/25ino.pdf)

18（십팔）　折れないむくげ

差別するのも、しないのも

コロナ禍などのため渡来人歴史館（大津市）が休館になり、テレワークが長期間続いた。朝鮮半島関係の多くの本を読み、一〇〇冊を超えた。

任文桓《イムムナン》さん（一九〇七～九三年）の著書『日本帝国と大韓民国に仕えた官僚の回想』は、自嘲《じちょう》気味のタッチで自身の半生を綴り、一気にページをめくらされた。

韓国併合の三年前に、現在の韓国中西部の忠清南道《チュンチョンナムド》で生まれた。二三年に来日し、中学、高校を経て東京帝国大学を卒業。朝鮮総督府行政官として日本側の統治に手を貸し、解放後は韓国の農林大臣などを歴任し、実業家としても成功を収めた。

植民地統治下の朝鮮では朝鮮人は《半人前》扱いで差別の苦難をなめた。初めて日本の地を踏んだのが一六歳。朝鮮から同行した友人と山口県下関市で列車の三等席に乗り、京都に向かった。《こんなに多くの支配民族に取り囲まれてみると、おのずから二人の少年の心は不安になるのであった。（中略）黙って、ひたすらに恐縮していた。（中略）下手な日本語で話し合うにしても、周囲の支配民族から「鮮人奴（蔑視語）が」と、どなられるに決まっていると信じたからである》

（八七ページ）

駅弁を買い、ご飯の真ん中にある赤い《果物》を最初に口に入れた。酸っぱさに驚いて窓の外に吐き捨てると、対面の席のおかみさんたちが笑い出した。

「どこからどこへ行くのか」

そう聞かれ、たどたどしい日本語での会話が始まった。

《被統治民族である彼（任さんのこと）は、己れに対する軽蔑については、それがいかに微細なものであっても、余すところなくそれを感得できる動物的本能を身に着けていた。物心ついて以来、受け続けてきた日本人による差別取扱いが、彼の動物的本能を肥培成熟させたのである》

（八九ページ）

ところが、対面の席には《軽蔑らしい陰影すら》見られなかった。

《一年三六五日を通じて、時々刻々に体験しながら生きて来た統治民族と被統治民族の対峙《たいじ》と違和が、この車内の世界には全くないのだ。（中略）驚くべき発見であり、幸福感がひしひしと胸に迫った》

（九〇ページ）

このときに限らず、日本に滞在した一二年間そうだった。

《日本にいるかぎり、たまに体制の仕打ちにより鮮人であることを思い知らされる以外に、日本人個人によって刺戟《しげき》されることは絶えて稀《まれ》であった》

（同）

植民地統治の時代に、海を渡ってきた朝鮮人に対する眼差しがこれほど柔らかだったと知り、意外な思いがした。

任さんの来日は一九二三（大正一二）年。東京に行くつもりが、同胞の知人がいる京都市に立ち寄ることにし、八月二九日に京都に着いた。三日後の九月一日、朝鮮ではまず発生しない地震に知人宅で遭遇し、《げらげら笑い出した》と記す。遠方の京都の街まで揺らした大地震とは、一〇万人以上が犠牲になった関東大震災だ。ここで考え込むことになった。

「朝鮮人が井戸に毒を入れた」

デマが広がり、日本人が自警団を作り、朝鮮人や中国人の虐殺に走った。西では朝鮮人に自然な眼差しを注いだ日本人が、震源地である東では虐殺に手を出すとは。同じ日本人の、この両極端な振る舞いをどう受け止めたらいいのだろう。

建物が軒並み壊れ、大火災が起こり、九死に一生を得たと思ったら、朝鮮人というだけで警察や軍隊、自警団などに追われ、見つかり次第、襲撃された。もし任さんが東京に直行していたとしたら。

殺された朝鮮人の数は司法省の発表では二三三人、朝鮮総督府の資料では八三二人、朝鮮人留学生らの調査では六四一五人。日本政府が虐殺の事実を隠すために調査を妨害したとされ、正確な犠牲者は不明だが、一〇〇〇人単位の死者は否定できない。その四年前の三・一独立運動を背景に、危険な存在として朝鮮人を警戒し、恐れる意識が広まっていたという(1)。温かい眼差しのすぐ内側に、警戒心や疑心が育まれていたのだろうか。

異民族に優しく接するのも、激しく嫌悪して虐殺に走るのも、同じ時代の、同じ日本人である。

過ちを犯しやすいのが人の常でもある。悲しいことに、前者と後者の境界に思ったほど隔たりはなさそうだ。マイナスの誤った情報など悪条件が重なると、いとも簡単に後者の側に立ってしまう。先入観を排して感覚を研ぎ澄ませないと、落とし穴に陥る。

見習うべき朝鮮少女

少女を連行した豪族の子孫で、元高校校長である高知県黒潮町の小谷《おだに》鉄夫さん（一九三五年生まれ）への手紙には、一番聞きたかった質問も交えていた。

Q・朝鮮や在日コリアンに対する偏見や差別は根強く、今も完全にはなくなっていません。ご自身の朝鮮に対する考え、意識を教えてください。

鉄夫さんは、他の国々や民族をはじめ、国内でも他の県や地方に居住する人に対しては、違和感を抱くことが少なくないと偽らざる心中を明かした。

《ですから、朝鮮や在日コリアンの人々に違和感なく接することはできないと思うのです》

とはいえ、古老は高い見識に満ち、示唆に富む内容を綴っていた。

朝鮮と日本のような隣国は、強い親近感を持つ人がいる一方、激しい反感や嫌悪感を持つことがあるとしながら、

《他の国々や民族はどうであれ、日本と朝鮮は長い交流をもつ隣り合う民族であり、国家なの

であります。不幸であった時代も少なからず存在してきたと思うのですが、私たちはそれを糧にし、数千年を過ごし、今日を創り上げてきました。謙虚に過去から学び、さまざまな利害や相違を超えて、理解・協力し合うことが大切ではないでしょうか。朝鮮、日本の間、朝鮮人と日本人の間ではそうありたいものです》

最後に。

《己れの不幸な立場を乗り越えて周囲に尽くしたであろう「朝鮮国女」こそ、今日、私たちが見習い、為すべき存在と考えてもよいのではないでしょうか》

第二章で紹介した韓国の金大中大統領（当時）の一九九八年の国会演説はこう続く。

《歴史的に日本と韓国の関係が不幸だったのは、約四〇〇年前に日本が韓国を侵略した七年間と、今世紀初めの植民地支配三五年間であります。このように僅《わず》か五〇年にも満たない不幸な歴史のために、一五〇〇年に亘《わた》る交流と協力の歴史全体を無意味ならしめるということは、実に愚かなことであります。またそれは、長久な交流の歴史を築いてきた両国の先祖に、そして将来の子孫に対して恥ずかしく、かつ、指弾されるべきことではないでしょうか》

「傷」を受けた側からの、未来志向の提案だ。「傷」を与えた側に連なる子孫として応えないわけにはいかない。

絵本『むくげの花の少女』のハングル版（二〇〇六年）と英語版（〇七年）の最後のページには、高知県の当時の橋本大二郎知事の推薦文がある。

《この絵本を通じて、韓国の子ども達が日本の土佐であった不幸な出来事を学ぶとともに、朝鮮の少女が祖国を遠く離れた土地において、地域の人々に愛され慕われていた事も知っていただきたいと思います。

そしてそのことが、日本と韓国とのさらなる相互理解につながることを願っています。また、こうした絵本の出版をきっかけとして、民間の方々による交流が広がり、日韓の新しい絆が生まれることを期待いたします》

南原市と黒潮町の交流について、少女のお墓を見学したことがある川崎市の尹チョジャさんはこう言う。

《大賛成です。机上で考えて想像していても、交流は進みません。交流すれば、必ずつながれます。実際にふれあえば、互いに持っていた相手への偏見も怖れも修正されていきます。一緒に追悼式をしたり、学生たちを送り合ったり、善隣友好のきっかけとしてできることはたくさんあ

ると思います》

こんな温かい呼びかけがあった。

《わたしで何か、お手伝いできることがあったら、ぜひおっしゃってください》

知事が願った民間交流が一〇年以上の時を経て、今、始まろうとしている。

希望を秘める若い心

植野雅枝さん（一九三七年生まれ）は体調を崩しながらも、少女のお墓の近くにある上川口小学校をはじめ、高知県黒潮町内の小学校の五年生児童を中心に『むくげの花の少女』を朗読し、自身の戦争体験などについて話す活動を二〇年以上続けている。児童からは鉛筆書きの数多くの礼状が寄せられ、活動の大きな原動力になってきた。

今回、私に託していただいた。黄ばんだ原稿用紙のものなど、全部で八七通あり、全てに目を通した。

《自分が言葉のわからない国へ行くのなら絶対行きたくありません。何で、日本人はそんなことをしたのかなと思いました。何にも悪くない人を殺しました。この話を世界中の人に知ってほしいです。そして、戦争をしてはいけないということをわかってほしいです》　（五年生女児）

《日本人は朝鮮人をさべつしてきました。かってに朝鮮人を連れてきてさべつするなんて、朝鮮がおこるのも無理ないと思います。

今は戦争もなく、平和です。少女がこの時代に生まれ育っていれば、悲しい物語をふせげたかもしれないし、少女がもっと長生きしたと思います》（同）

《朝鮮の人たちにとっては戦争が終わった日が解放の日で、私たち日本人にとっては終戦記念日だと知りました。同じ戦争をしていても、（片方は）そのことをわすれていき、（もう片方は）そのことを思いつづけるというあまりの差におどろきました》（同）

《植野さんの話で「The Family of Man」と言う言葉が心に残りました。理由は、人間は国がちがっても、同じ人間どおしだから、家族だと思ってもいいからです》（同）

受け止めは真っ直ぐだった。

行動に移した児童もいた。

《少女は日本につれて行かれてもはたおりをみんなにおしえてあげてやさしいなと思いました。放課後に同じクラスの二人といっしょにお花をそえにお墓に行きました》（女児）

植野さんが父清さんから受け取ったバトンは、きちんと受け継がれている。

植野さんから届いた宅配便には、高知時代に私が書いた夕刊記事を読んだ人たちからの手紙も入っていた。大阪府箕面市立第二中学校の男性教員（当時）からは、二〇〇七年に在日コリアンについて人権学習で学んだ一年生の感想が同封されていた。手書きのガリ版刷りで、全四二ページ。北朝鮮による拉致事件の発覚後でもあり、事前のアンケートではこんな言葉が並ぶ。

《朝鮮は悪い人ばかりいる。朝鮮はミサイル打ちすぎ》

《朝鮮はらちがあってこわいと思う》

《反日の時写真を燃やしていた時バカじゃないのかと思った》

一方で、こんな感想も。

《日本人に似ているから親近感がわく》

《日本人と同じ人種だと思います》

地元の研究会が作成した、在日三世の少年を主人公にした教材で学んだ後、大阪大学大学院生ら計五人の在日コリアンを招き、四クラスがそれぞれ一、二人から一時間話を聴いた。知ることによって、考えが変わっていた。

《私はあまり朝鮮などには興味が無かったのですが、お話を聴いてちょっと興味がもてました。韓国と朝鮮のイメージは、今まで悪かったです。でも、初めて在日の方をみて、話を聴いて、日本人と全く変わらないことが分かりました。在日の方と会ったこともないのに、悪いイメージを持っていたのは、少し恥ずかしくなりました》

《とても悲しくてつらい話だなと思いました。しかたなく日本に来たのに、いじめにあったりして、私は在日の話を聞くたびにちょっと日本がきらいになります。でも、私は日本で生まれたので日本をたいせつにしようと思います》

一通一通読みながら、二〇一九年秋に退院したばかりの植野さんが漏らした言葉を思い出していた。

「子どもたちに伝える後継者がいない」

朝鮮少女の想いのバトンリレーをウオッチしてきた私にもできることがあるのではないだろうか。

少女が連行された朝鮮侵略や、黒潮町や南原市の想い。植野さんとは比べるべくもないが、知り得たことを黒潮町の児童に伝えることならできるかもしれない。コロナが終息してからの話だが、六時間掛けて行く価値があるのではないか。

温めていたアイデアがもう一つあった。

勤務する渡来人歴史館が〇六年の開館以来初めてリニューアルすることになり、力不足ながら展示内容を考える大役を任された。

小さな展示施設ながら、古代から現代までの朝鮮半島と日本の関係などを浅く広く紹介している。河炳俊館長からは、日本列島に渡来してきた人や文化の歴史がわかるようにとの要望があり、数万人の捕虜が連行された秀吉の朝鮮侵略も、展示の柱の一つだった。

二度にわたる侵略や、連行されてきた陶工らが日本の陶磁器産地を開いたこと、捕虜の返還を目的の一つに始まった江戸時代の朝鮮通信使などを紹介するオーソドックスな構成に、一枚のパネルを加えることを思いついた。タイトルは――。

「むくげの花の少女」

滋賀県からは遠い高知県の話だが、侵略による連行から四〇〇年の時を経て、日韓交流が始まろうとする明日につながる事例だ。河館長からもゴーサインが出た。

《悲しい歴史が、日韓交流という新たな歴史に塗り替えられようとしています》

パネルの最後にこの一文を付けた。

二一年夏にもリニューアルオープンし、パネルの近くに一冊の絵本を展示する。もちろん植野さんの『むくげの花の少女』だ。今、読んでいただいている、この本も仲間入りさせる予定だ。

名もなき無念の魂

真冬の弱い日差しでもありがたかった。

水面で休むカモの群れを横目に、底冷えの寒風を突き、中古自転車のペダルをこぐ。京都市の鴨川の遊歩道。三条大橋の手前で一般道に上がり、式を終えた新成人の集団がたむろする平安神宮の手前を右折し、ハンドルを北東へ向ける。

二〇二一年が明けた。取材の最後にむくげの花の少女のお墓を再訪する予定だった。しかし、コロナ感染の第三波で、私が住む京都府や大阪府、兵庫県も緊急事態宣言の発令を国に要請したため、高知入りを断念して訪問先を急きょ変更した。

京都市左京区黒谷町《くろだにちょう》の金戒光明寺《こんかいこうみょうじ》。寺に着き、極楽橋を渡り、お墓が両脇に並ぶ階段をひたすら上がる。墓参のためか、マスク姿の来訪者が少なからずいる。目的地の案内が一切なく、不安に思いながらも三重塔前を左折し、そのまま進むと出くわした。

《紫雲石　西雲院《さいうんいん》》。

東門から小さめの敷地内を進むと、立派な正門がある。撮影しようといったん出る。なぜか気になり、すぐ脇のお墓の一帯の中に入った。

あった。右手から二番目の、先が丸い円柱の墓石だ。高さ一七〇センチほどあり、ひときわ大きい。刻んだ文字はつぶれている。薄い卒塔婆が四つ立てられ、真新しいものには小さな文字でこうある。

《〇開基　大蓮社心誉宗厳《そうごん》法師　年始　当院》

この塔頭を開いた宗厳法師が眠ることを静かに伝えている。

鳥のさえずりだけが響く中、手を合わせた。

「安らかにお眠りください。むくげの花の少女をはじめ、朝鮮から連行されてきた何万という名もなき無念の魂を見守りください」

宗厳法師も捕虜の一人だ。文禄の役の際に平壌付近で連行された少年とされる。政所や滝川下総守雄利の息女に仕えたが、この息女が一七歳で早世したことから、世の無常を感じ、知恩院満誉上人について剃髪《ていはつ》出家した。諸国行脚の後、黒谷の了的上人と出会い、一六一六年に草庵を結んで千日念仏を修し、西雲院を開いた。二八年に五三歳で生涯を閉じた。[2]

本堂の前に建つ石人（左手前の２本）と望柱石（奥の２本）。朝鮮半島とのつながりを静かに伝えている＝西雲院で

名も伝えられぬ大半の捕虜は、こうしたお墓すらない。

「ゴォ～ン、ゴォ～ン」

鳴り響く鐘の音を耳にしながら、参道を帰路につく。ふと心残りがあるような気がして、もう一度引き返して西雲院の正門をくぐる。本堂前の足元に新しい円柱の石碑があることに気づいた。

《西雲院開基　宗厳法師　供養之塔
　李朝　石人　望柱石》

職員に尋ねると、周囲に立つ二対、各二本の古びた石柱のことだという。目にすることができた朝鮮との関係を示す唯一のものだ。帰宅後に調べると、本来は、士大[3]夫（両班）や庶民の墓守として建てられた朝鮮の石造物で、手を組んだ文人とみられる二対の像が「石人」、後方の二対の柱が「望柱石」だ。案内の石碑は、第二〇世の住職が一九年春に新設したと刻まれている。

その帰り道。五条河原町で信号につかまり、自転車を脇道に向ける。見知らぬ寺を通り過ぎる際、門の前に立つ石柱の文字が目に飛び込んだ。

《長宗我……》

まさか。自転車を止めてよく見ると、

《長宗我部盛親公瘞首《えいしゅ》之地》

京都市が設置した案内用の立て札を確認すると、盛親のお墓の所在地とある。むくげの花の少女を連行した慶長の役にも同行した元親の四男だ。下京区の蓮光寺《れんこうじ》。大坂の陣で敗れた豊臣側につき、六条河原で斬首《ざんしゅ》された(4)と後で知る。

あまりの偶然に冬空を仰いだ。

桜の国に根付く日

むくげ。夏に白、赤、ピンク、紫など、五～一〇センチ大の花を次々と咲かせる。中国原産で、平安時代以前に渡来した。「東洋のハイビスカス」とも呼ばれる。

韓国での漢字表記は「無窮花《ムグンファ》」。韓国の国花とされ、国章にもデザインされる。朴槿恵《パククネ》元大統領の「槿」も、むくげを意味する。

解放後に約三〇年間、むくげを研究したソウル大学校農科大学の柳達永《ユダルヨン》名誉教授によると、日本の植民地時代には国花であるため虐待され、美しい並木などは容赦なく引き抜かれて捨てられたという。(5) あまりにも切なき時代があった。

《その花は　まい朝のようにさきかわり
ふまれても　折られても　さきつづける
たくましい木で、朝鮮の国の花なのです》

（『むくげの花の少女』二ページ）

高知県黒潮町の少女の墓地には、植野さんが植えたむくげが初夏に花開く。一本は健在だが、三本は枯れてしまったため、さらに増やしたいと植野さんは切望する。近くにある土佐くろしお鉄道の無人の土佐上川口駅にもむくげが育つ。

近くて遠い桜の国に、朝鮮の花のむくげがしっかりと根付き、本当の意味で花を咲かせるのはいつの日だろうか。

時代は、逆風が吹いているようにも見える。グローバル化が進む一方、経済をはじめとした日本の国力に陰りが見え、攻撃的なナショナリズムや排外主義に共感する人が増えつつある。二〇二〇年七月の東京都知事選を見るがよい。ヘイトスピーチを繰り返す元在特会会長が前回より票を上積みし、全体の五番目の一八万票近くを得た。新型コロナの世界的感染が、外から来る人を排除する風潮に拍車をかける。以前なら外に出なかった差別・侮蔑語がネットを通じ、いとも簡単に吐き出されている。

この原稿の仕上げの段階の二一年一月初めには、ソウルから正月気分をかき消すニュースが伝えられた。旧日本軍の元慰安婦をめぐり、ソウル中央地裁が慰謝料支払いを日本政府に命じる判決を言い渡したのだ。元徴用工に続く新たな火種になりそうだ。

こうした現実を前に、無力感で途方に暮れる自分がいる。もつれた糸をほどき、わだかまりを解くのは、並大抵のことではない。数十年、いや一〇〇年以上かかるかもしれない。

しかし、忘れないでいたい。四〇〇年もの長きにわたり途切れずに続く想いがあり、それを大切に育もうとする人がいることを。後に続く人は確実にいる。そう思うと、少しだけ希望を感じる。

そう、確実にいるのだ。

二〇〇九年末に京都朝鮮学校襲撃事件があり、在特会メンバーらによる非道なヘイトスピーチが浴びせられ、児童や保護者、関係者は恐怖のどん底に陥った。しかしながら、痛手から回復するときに気づきがあった。

「排除されると同時に、皮肉にも支援してくれる人の存在もわかったんですね。裁判の中心にいた保護者は『孤独だと思うとともに、大切な人に出会えた。日本の人に助けられた。攻撃もされたんだけど、されたからこそ気づけた』と話していました」

（世界人権問題研究センターの呉永鎬専任研究員＝取材時）

「私たち在日朝鮮人は、日本の人たちの理解や支持を得ない限り、この世界で生きていけません。植民地の時代にも理解してくれる人たちが必ずおられた。『朝鮮人はひどいやつだ』と洗脳教育をされ、軍国主義が徹底された時代にです。関東大震災が発生すると、デマを信じて朝鮮人狩りをする人が圧倒的に多い中、朝鮮人をかくまってくれた日本の人たちがおられますね。強制連行から逃亡した朝鮮人をかくまった人たちもおられますね。見つかれば、非国民として、親戚までも累が及ぶところです。命がけで朝鮮の人たちをかくまった人がおられますね。いつの世にもこういう人たちがおられる。だからこそマイノリティーは生きていけるんですね」

（滋賀朝鮮初級学校の鄭想根校長）

第一章で紹介した呉山良雄さんに寄り添った恩師や親会社の社長もそうだ。京都女子大の市川ゼミが一九年に始めた朝鮮学校に本を贈る活動は協力者が増え、当初の一七五冊から二一年は関東や四国からも含め、約一五〇〇冊になった。

未来を担う世代も頼もしい。

《いつか大人になったら在日していた人だけじゃなくこれから日本に来た人達がきっといい国

だといってくれる国にしたいです。これから私は差別がない平等の世界を、何年後自分が死んでも続くように願いたい、そしてそんな活動を行っていきたいです》

（大阪府箕面市立第二中学校一年生）

私にもできる。あなたにもできる。

天国から見守る朝鮮の少女に、この桜の国に朝鮮のむくげが本当の意味で花開く光景を早く見せてあげたい。

きっと来るはずだ。踏まれても折られても。

（1）『在日朝鮮人　歴史と現在』一八、一九ページ

（2）『文禄・慶長役における被擄人の研究』三一一、三一二ページ、京都人権啓発推進会議『人権ゆかりの地をたずねてⅡ』8（https://kyoto-jinken.net/wp-kyoto-jinken/wp-content/uploads/2017/01/jinken_yukari_02.pdf）

（3）深田晃二『むくげ通信292号』（https://www.ksyc.jp/mukuge/292/fukada.pdf）

（4）『歴史群像シリーズ特別編集　長宗我部元親』一三三ページ

（5）『わが祖国　禹博士の運命の種』三三二ページ

脱稿連絡の日に

ここで原稿は閉じるはずだった。

大寒が過ぎ、出版社「冨山房インターナショナル」の坂本喜杏社長に原稿が仕上がったことを電話で伝えた日の夕方のことだ。

退勤の途中に、リニューアルのため休館中の渡来人歴史館に立ち寄った。郵便受けをのぞくと、赤色が目立つ《郵便物等お預かりのお知らせ》が混じっていた。宛先は私。送り主は――。

《Namwon si》

なんだろう。南原文化院だろうか。心当たりはない。建物を出て、車の助手席にリュックサックと一緒に置いて、エンジンスイッチを押した瞬間、思い当たった。もしかして。

自宅ではなく、琵琶湖畔沿いにある大津中央郵便局に車を走らせた。フロントガラスに雨滴が落ち、夜景がにじんで見える。郵便局の窓口で渡されたのは《国際郵便物（追跡バーコード）》のシールが貼られた大封筒だった。帰宅後にハサミを入れると、Ａ４の用紙が一枚だけ入っていた。諦めていた手紙が届いたのだ。海峡を行ったり来たりするのに二カ月掛かったようだ。こなれた日本語で印字されている。

私が送った手紙を《嬉《うれ》しく読ませていただきました》とあり、《両国の歴史に関する理解と、友好関係のための活動に感謝の意を表したいと思います》。むくげの花の少女について、訪韓した福島牧師らから話を聞き、《たいへん胸が痛くなりました》。

《むくげの花の少女の歴史的意味と痛みには十分共感します。
むくげの花の少女など、当時の日本に連行された多くの人々の気持ちを慰め、日韓の歴史、文化交流の足場を築くために慰霊碑を建設することも、価値あることだと思っています。
南原市でも、歴史的根拠を調査し、むくげの花の少女の話を紹介するなど、市民の共感を得られるよう、努力していきます。（中略）
今後、むくげの花の少女を通じて、地域間における自然な文化交流が行われることを期待いたします。

敬具

２０２１．１．

南原市長　李桓朱》

海峡越しに返ってきたバトン。小さくとも、確かな重みがあった。

参考文献

植野雅枝、絵・植野末丸『むくげの花の少女』（飛鳥、一九九七年）
尹棟煜訳『무궁화꽃 소녀』（同ハングル版、二〇〇六年）
ジョン・ガラファー訳『The Rose of Sharon』（同英語版、二〇〇七年）
『大方町史』（一九六三、九四年）
井上清『想いでの記』私家版（飛鳥、二〇〇六年）
南原文化院『조선국女　朝鮮國女　조사보고서（調査報告書）』非売品（韓国文化院連合会、二〇一九年）
小野川俊二『口づけにならない口づけ』（土佐出版社、一九九〇年）
姜健栄『望郷の被虜人と渡来文化』（かんよう出版、二〇一八年）
尹達世『四百年の長い道』（リーブル出版、二〇〇三年）
倉本一宏『戦争の日本古代史』（講談社現代新書、二〇一七年）
北島万次『秀吉の朝鮮侵略と民衆』（岩波新書、二〇一二年）
北島万次『壬辰倭乱と秀吉・島津・李舜臣』（校倉書房、二〇〇二年）
中野等『秀吉の軍令と大陸侵攻』（吉川弘文館、二〇〇六年）
中野等『戦争の日本史16　文禄・慶長の役』（吉川弘文館、二〇〇八年）
藤木久志『天下統一と朝鮮侵略』（講談社学術文庫、二〇〇五年）
村井章介『分裂から天下統一へ』（岩波新書、二〇一六年）

内藤雋輔『文禄・慶長役における被擄人の研究』（東京大学出版会、一九七六年）
姜沆（朴鐘鳴訳）『看羊録』（平凡社、一九八四年）
津野倫明『長宗我部氏の研究』（吉川弘文館、二〇一二年）
山本大『長宗我部元親』（吉川弘文館、一九六〇年）
広谷喜十郎他『歴史群像シリーズ特別編集　長宗我部元親』（学研パブリッシング、二〇〇九年）
尹健次『もっと知ろう朝鮮』（岩波ジュニア新書、二〇〇一年）
中塚明『これだけは知っておきたい　日本と韓国・朝鮮の歴史』（高文研、二〇〇二年）
徐京植『在日朝鮮人ってどんなひと？』（平凡社、二〇一二年）
岡百合子『中・高校生のための朝鮮・韓国の歴史』（平凡社、二〇〇二年）
仲尾宏『Q&A　在日韓国・朝鮮人問題の基礎知識【第2版】』（明石書店、二〇〇三年）
日本版編集委員会『朝鮮学校物語』（花伝社、二〇一五年）
呉永鎬『朝鮮学校の教育史』（明石書店、二〇一九年）
水野直樹、文京洙『在日朝鮮人　歴史と現在』（岩波新書、二〇一五年）
朝鮮史研究会・編『朝鮮の歴史　新版』（三省堂、一九九五年）
ブルース・カミングス『現代朝鮮の歴史』（明石書店、二〇〇三年）
趙景達『植民地朝鮮と日本』（岩波新書、二〇一三年）
趙景達『近代朝鮮と日本』（岩波新書、二〇一二年）
文京洙『新・韓国現代史』（岩波新書、二〇一五年）
小室直樹『韓国の悲劇』（光文社、一九八五年）
小倉紀蔵『朝鮮思想全史』（ちくま新書、二〇一七年）

李栄薫・編著『反日種族主義』（文藝春秋、二〇一九年）
大沼保昭、江川紹子『「歴史認識」とは何か』（中公新書、二〇一五年）
上田正昭『渡来の古代史』（角川選書、二〇一三年）
田中史生『渡来人と帰化人』（角川選書、二〇一九年）
五味文彦、鳥海靖・編『もういちど読む山川日本史』（山川出版社、二〇〇九年）
水野直樹、庵逧由香、酒井裕美、勝村誠・編著『図録　植民地朝鮮に生きる』（岩波書店、二〇一二年）
小沢有作・編『近代民衆の記録10　在日朝鮮人』（新人物往来社、一九七八年）
森田芳夫『朝鮮終戦の記録―米ソ両軍の進駐と日本人の引揚―』（巌南堂書店、一九六四年）
外村大『朝鮮人強制連行』（岩波新書、二〇一二年）
竹内康人・編著『戦時朝鮮人強制労働調査資料集』（神戸学生青年センター出版部、二〇〇七年）
朴慶植『朝鮮人強制連行の記録』（未来社、一九六五年）
任文桓『日本帝国と大韓民国に仕えた官僚の回想』（ちくま文庫、二〇一五年）
加藤直樹『九月、東京の路上で』（ころから、二〇一四年）
池内敏『日本人の朝鮮観はいかにして形成されたか』（講談社、二〇一七年）
鄭大均『韓国のイメージ』（中公新書、二〇一〇年増補版）
高史明『生きることの意味　青春篇第3部　悲の海へ』（ちくま文庫、一九九七年）
『別冊宝島二二一号　朝鮮総聯の研究』（宝島社、一九九五年）
李里花・編著『朝鮮籍とは何か――トランスナショナルの視点から』（明石書店、二〇二一年）
稲富進・編著『ムグンファの香り』（耀辞舎、一九八八年）
李淑子『教科書に描かれた朝鮮と日本』（ほるぷ出版、一九八五年）

角田房子『わが祖国　禹博士の運命の種』（新潮文庫、一九九四年）
有田佳代子他・編著『多文化社会で多様性を考えるワークブック』（研究社、二〇一八年）
海部陽介『日本人はどこから来たのか？』（文藝春秋、二〇一六年）
小林健治『最新　差別語・不快語』（にんげん出版、二〇一六年）
芳賀登、石川寛子・監修『全集日本の食文化第五巻　油脂・調味料・香辛料』（雄山閣出版、一九九八年）
黒川創『国境［完全版］』（河出書房新社、二〇一三年）
塚本明『〈論説〉神功皇后伝説と近世日本の朝鮮観』（https://repository.kulib.kyoto-u.ac.jp/dspace/bitstream/2433/239396/1/shirin_079_6_819.pdf、一九九六年）
大澤重人『心に咲いた花―土佐からの手紙』（冨山房インターナショナル、二〇一一年）

■「むくげの花の少女」関連年表

天正19（1591）年９月	豊臣秀吉が朝鮮出兵を発令
天正20（1592）年４月 ～文禄２（93）年夏	最初の朝鮮侵略、文禄の役（壬辰倭乱）
慶長２（1597）年１月 ～慶長３(98)年11月	２回目の朝鮮侵略、慶長の役（丁酉再乱）
慶長２～３年	長宗我部元親の軍勢の小谷与十郎が朝鮮南部から「むくげの花の少女」を土佐上川口に連行
慶長３（1598）年８月	秀吉が伏見城で病死
慶長４（1599）年５月	元親が病死
1600年代前半？	望郷の念を抱いたまま、成人した少女が死去
1700年代前半？	与十郎の子孫、安次が少女の墓碑を建立
1972年	高知新聞に投書が載り、墓域を整備
1981年３月	高知新聞が少女を紹介する広告特集を掲載
1981年７月	元大方町長らが募金を集め、お墓の由来を記した碑文を建立
1997年８月	植野雅枝さんが絵本『むくげの花の少女』を出版
2006年12月	韓国人男性が『同』ハングル版を発行
2007年８月	野口房子さんが『同』英語版を発行
2008年８月	毎日新聞大阪本社夕刊が３カ国語版の絵本発行を紹介
2008年10月	絵本の日本語版が売り切れ、増刷。現在は３刷
2017年夏～	姜健栄さんと福島敏雄牧師が少女の故郷探しを始める
2019年10月	韓国・南原市が故郷に浮上し、南原文化院長らが高知県黒潮町を訪ね、お墓参りと現地調査
2019年12月	南原文化院が『朝鮮國女』と題した「ドキュメンタリー」映像と童話を制作

大澤重人（おおざわ　しげと）

1962年、京都府舞鶴市生まれ。

渡来人歴史館（大津市）専門員。1986年春～2019年秋まで毎日新聞社に勤務し、編集制作センター副部長、高知支局長、工程センター室長、エリア編集委員などを務める。現在も、多文化共生や非戦をテーマに取材を続ける。

著書に『泣くのはあした―従軍看護婦、九五歳の歩跡』（冨山房インターナショナル、第26回高知出版学術賞特別賞）など。

咲くや　むくげの花―朝鮮少女の想い継いで

二〇二一年八月十五日　第一刷発行

大澤重人　著

発行者　坂本喜杏
発行所　㈱冨山房インターナショナル
東京都千代田区神田神保町一-三　〒一〇一-〇〇五一
電話〇三（三二九一）二五七八
URL:www.fuzambo-intl.com
印刷　㈱冨山房インターナショナル
製本　加藤製本株式会社

ISBN 978-4-86600-097-8 C0095